はじめに

「女の子はおとなしくていいよね。男の子は本当に大変だから」

子育てをする親同士の会話で、よく耳にしそうな言葉です。

子どもにかかわるときに、私たちは色々なことの原因を、子どもの性別に求めます。実際には、育てやすい男の子もいれば、手のかかる女の子がいるにもかかわらずです。

これ以外にも、子どもの能力や行動、得意不得意を、性別によって決めてしまう大人の傾向は珍しいものではありません。女の子はピンク色が好きだとか、男の子のほうが数学は得意であるとか、口にしたことがある人は少なくないでしょう。

ジェンダーに関する意識が浸透してきた現代において、「女性だから」「男性だから」という言葉を公で発信しようものなら、炎上は必至です。男性政治家が、女性政治家を「女性なのに」優れた政治家であると発言して問題になったことがありました。医大の入試において、女性であることを理由に評価を不当に下げるという不正も発覚しました。同じようなことが、子育てや保育・教育、お稽古などの子どもにかかわる現場で行われ続けているわけです。

このような子どもの性差に関する認識には、科学的な根拠があるのでしょうか。本書ではこの問題を扱っていきます。

性差とは

そもそも性差があるとはどういう意味でしょうか。英語では、性を表す言葉としてセックスとジェンダーがあります。セックスとは、主に生物学的特徴から女性や男性を定義することです。最近は定義がそう単純ではありませんが、たとえば、性に関する染色体の違い（女性はXX、男性はXYというやつです）や生殖器の違い（卵巣、睾丸《こうがん》）などの特徴が含まれます。

一方、ジェンダーとは、ある社会が女性や男性にふさわしいと考える役割や行動に関するものです。「女らしさ」とか、「男らしさ」などと関係します。こちらは、生物学的なものというよりは、社会や文化によってつくられるものです。

本書では、主にセックスに近い意味での性差について考えていきますが、一部ジェンダー的な意味でも使っていきます。また、心に関する性差という意味で使っていきます。

実は、心理学では、セックスの意味での性差は古い問題とされ、現在はジェンダーがより中心的なテーマになっています。生物学的に女性であっても男性を自認する人も少なくありませんし、生物学的に男性であっても女性を自認する方もいます。そうした性自認や性的指向（性的魅力を感じる性別）は必ずしも生物学的な性別には一致しないことから、生物学的な性差だけに目を向けることがどれだけ意味があるのかと思う方もいるかもしれません。

ですが、冒頭に書いたような会話は現代でもいたるところで見られます。古い問題とされているにもかかわらず、十分な検討がなされていないように思えます。セックスの意味での性差からしっかりと考えていく必要があると思うのです。

心や脳に性差はある？

では、心や脳に性差はあるのでしょうか。オーストリアの心理学者・精神科医で精神分析の創始者であるジークムント・フロイトの言葉に、生まれながらにして異なる女性と男性はそれによって異なる性格や役割を持つという趣旨のものがあります。

性差にまつわる議論は、フロイトのような主張との闘いと言っても過言ではありません。ですが、フロイトのような考えは我々の心の奥底に巣食い、現代でも、表立って言わなくても、女性と男性では行動や心の在り方が異なるという考えを持つ人は、少なくないように思えます。「女性脳」「男性脳」などのように、浅薄な根拠しかない似非《えせ》科学本が売れたり、YouTuber《ユーチユーバー》がさも科学的事実であるかのように誤った内容を紹介したりするような状況が続いています。

具体的には第1章で見ていくことになりますが、女性と男性では、心に違いがあるというよりは、似ている部分のほうが多そうです。とはいえ、全く性差がないというわけでもありません。どのような側面に性差があり、どのような側面には性差がないのか。皆さんが持つお考えと照らし合わせながらお読みいただけると幸いです。

また、疑似科学が多い脳の研究についてはどうでしょうか。こちらについても第1章で紹介しますが、現在進行形で研究が進められており、まだ確定的なことは言えないというのが現状です。

本書の1つ目の目的は、子どもに性差があるのは心のどのような側面であるのかを科学的知見に基づき考えていくことです。

心の性差はつくられる？

本書では、子どもの心に性差があった場合に、どのような要因によってそのような性差が生み出されるかについても触れていきたいと思います。

第2章以降で詳しく見ていきますが、赤ちゃんのころにはほとんどの行動や能力には性差がないか、あっても極めて小さいことが示されています。ところが、年齢を重ねるうちに、性差が比較的大きくなっていくことが見て取れます。

つまり、心の性差は、生まれつきのものではなく、発達の産物ということです。ここで大事なのが、どのような要因が影響するかということです。小さいながらも子どもの心の性差に影響を及ぼすのが、性ホルモンなどの生物学的な要因と親を含めた周りの大人やメディアの何気ない行動やかかわり方です。つまり、子どもの心の性差の一部は、大人によって「つくられる」のです。

心の性差が小さいのであれば、問題がないと思われる方もいるかもしれません。ですが、気がかりなのは、そのほんの少しの子どもの心の性差が、後の進路や職業選択に影響を及ぼすことが示されている点です。

この両者をつなぐものの1つが、大人や社会の性別に関する思い込みです。具体的には、先述した「女の子はピンク色が好き」とか「男の子は数学が得意」といったものです。実際には女の子だからといってピンク色が好きとは限りませんし、男の子だからといって数学が得意とは限りません。これはただの思い込みに過ぎないわけです。

このように、「本当に性差があること」とは別に、私たちには「性差があると思い込む」傾向があります。これはジェンダーステレオタイプと呼ばれます。私たちの脳の処理能力には限界があるため、個々人を見るよりも、「女性だから」「男性だから」という点で判断してしまうのです。

つまり、生物学的な要因や大人のかかわりによってつくり出された小さな心の性差が、大人のジェンダーステレオタイプによって増幅され、子どもたちの進路や職業選択にすら影響を及ぼす可能性があるのです。二重の意味で心の性差がつくられているのです。

「女性脳」「男性脳」のような似非科学本が罪深いのは、そのような本を読む大人がジェンダーステレオタイプを持つことだけではありません。そのような誤った信念を持った大人が子どもにかかわることで、本来であればほとんどないような性差をつくり出してしまったり、子どもたち自身がジェンダーステレオタイプを持つようになり、ステレオタイプに沿った行動を選択してしまったりするようになる可能性があるからです。

たとえば、「女性は数学が苦手」だと親や教師が思い込んでいると、女児に対して数学に関する活動を奨励しないかもしれませんし、女児が自分もそうだと思い込んで進路選択に影響を及ぼすかもしれません。

難しいのは、多くの場合、大人は自分が子どもに影響を与えていることに無自覚であるという点です。意図せずに、子どもたちの性差をつくり出し、子どもたちの進路選択に影響を及ぼしてしまうのです。この点をどうにか変えられないかと筆者は考えています。

このような「子どもの心の性差がつくられる」ことを明らかにするのが本書の2つ目の目的になります。

知ることで変えられる

かくいう筆者も、性別に関する思い込みは決して小さいほうではありませんでした。筆者の出身は九州の福岡県です。男兄弟の中で育ち、体育会系の男性ばかりの部活に励んでいたもので、性別に関してはバランスのいい感覚を持っていませんでした。

そんな筆者が、子どもの性差の問題についてしっかりと考えなければいけないと思うようになったきっかけは、主に3つあります。

まず、一般に女児は男児よりも成長が早いと言われますが、発達心理学者として子どもたちの研究をしていると、明確な性差が見られる結果のほうが少ないことに気づきました。そして、科学的知見としてどうなっているかに興味を持ちました。

2つ目は、保育園や幼稚園、自治体の家庭支援事業などで子どもの支援をする中で、様々な要因によって子どもが不利になる事実を目の当たりにした経験です。家庭の経済状態はもちろんですが、性別によって子どもたちの進路選択に大きな影響があることに直面し、現状を変える必要を感じました。

3つ目は、筆者自身が家族を持ったことです。これまで男性という視点でしか世の中を見ていなかったことを痛感しました。

このような経緯で、性差について学術的な興味を持ちました。筆者自身は未だに十分なバランス感覚を持っているとは言いがたいのですが、性別についての科学的な根拠に基づいた内容を、読者の皆さんにお伝えできればと思っています。

本書の概要

本書ではあえて、性差がある行動や能力を取り扱っていきます。わずかにある性差を明らかにすることで、性差はあっても微細なものであるということを明らかにするためです。

第1章では大人の「心や脳の性差」について触れます。現時点では、ほとんどの行動や好み、脳の働きには性差がないと結論付けることができます。ここでは、わずかに性差があるものとして、空間認知、言語、攻撃性、学力についての研究を取り上げます。また、脳に性差があるのか、という点にも触れたいと思います。

第2章以降で、子どもの性差とそれにかかわる要因について紹介していきます。第2章では、子どもの好みの性差を紹介します。具体的には、「色／おもちゃの好みの性差」についてです。また、このような性差を生み出す要因として、生物学的な要因と環境的要因を挙げていきます。

第3章では、大人の行動の中で最も性差が大きいものの1つといわれる「空間認知の性差」がいつごろから見られるかを説明します。また、空間認知の性差を生み出す要因として、親の言葉がけについて見てみたいと思います。

第4章では、「言葉の性差」について見ていきます。一般に言葉の発達は女児が早いとされますが、どの程度の性差が見られるのかをデータを基に考えていきます。また、第3章と同様に、親のかかわりが言葉の性差といかにかかわるかを見ていきます。

第5章では、「攻撃性の性差」について紹介します。犯罪データや攻撃性の研究を見ながら、どのような攻撃性にどのような性差がいつごろから見られるかを紹介します。こちらの性差には、親のジェンダーステレオタイプや育児が影響を及ぼすことを見ていきます。

第6章では、教育学や社会学でよく取り上げられる「学力の性差」について考えてみます。国際的な学力テストや学校の成績などに性差があるのか、また学力の性差にも、親のジェンダーステレオタイプがいかにかかわるのかを紹介します。

第7章では、「感情の性差」を扱います。一般に、性差があるとされる感情ですが、実際のところどうなのかを紹介します。

第8章では、ここまで見てきたわずかに性差があるような行動や能力が、いかに大人の誤った信念や無意識的な行動によって生み出されているかについて見ていきます。子どもの行動や能力の性差をつくり出しているのは、少なくとも一部では、我々大人なのです。

第9章は全体をまとめて、子どもの性差について大人がどのようなことができるかを考えていきたいと思います。

本書が、親や教育関係者、子どもにかかわるすべての人にとって、子どもの性差に自分がいかに関与しうるかを考え、行動を変えるきっかけになればと願っています。

つくられる子どもの性差
「女脳」「男脳」は存在しない

目次

第3章

子どもの空間認知の性差 …… 67

第4章

言葉の性差 …… 89

第5章 攻撃性の性差 109

第6章 学力の性差 131

第7章

感情の性差

第8章

心の性差はつくられる？

第9章

子どもの未来のために

おわりに

イラスト／佐藤香苗
図版・目次・章扉制作／マーリンクレイン

第1章

脳と心に性差はある？

子どもの話に入る前に、まずは大人の心に性差があるかを見ていきます。つまり、大人の女性と男性の行動や能力には差があるのかどうかということです。大人を対象にした研究は膨大にあり、歴史もあるため、ある程度の傾向は明らかになっています。まずは、心理学において注目を集めてきた知能の性差を例に、この問題を見ていきましょう。

男性のほうが頭がいい?

心理学において「知能」は、最も歴史があり、多くの研究がなされてきた分野の1つです。知能はいわゆる頭の良さであり、皆さんにもなじみのある知能指数（ＩＱ）などでも表されます。どれだけ速く問題を解けるか、どれだけ知識があるのか、どれだけ与えられた情報から推論できるか、などの能力です。ＩＱが高い人は学力が高いことが多く、偏差値が高いといわれる大学に合格をしたり、社会的地位が高いとされる職業に就く可能性が高かったりします。

知能における性差は研究されてきましたが、この歴史は性差別の歴史と言っても差し支えありません。ここで、その一端を簡単に説明したいと思います。

そもそも、現代においても、「女性脳」「男性脳」などの誤った俗説に見られるように、女性と男性の考えや能力は異なるという見方は根強いものがあります。これはひとえに、女性と男性の身体が異なるという事実に根ざしています。

女性と男性で身体が異なるのは、明確です。程度の差はあれ、女性が持ついくつかの身体的な特徴、男性が持ついくつかの身体的な特徴というのは、目に見ることができます。この身体の違いがあるという明確な事実から、私たちは自然に、女性と男性の脳も異なるだろうと考えがちです。この思い込みは強く、私たちの行動や心の性差にも大きな影響を与えてしまいます。

知能の研究の歴史の中でも、身体が小さい女性は、男性と比べて知能が低いと考えられてきました。たとえば、心理学者は、脳の大きさと関係すると考えられていた頭蓋骨は男性のほうが大きいとか、脳の重量は男性のほうが重いとか、男性の知能が高いという主張につながりそうな証拠に目をつけました。一方で、身体に対する脳の大きさの比率など、どちらかというと女性に対して有利になりそうな証拠には目をつぶり、男性の知能が高いという主張を続けてきたわけです。

これは、研究者としては明らかに失格です。要するに、先に結論があり、その結論に沿う結果のみ報告しようとする、ある種の捏造《ねつぞう》とも言えます。

実際にＩＱの性差にかかわる研究は膨大な数にのぼります。これらの結論を述べると、様々な能力を含む一般知能についていえば、女性と男性には違いはありません。全体的な頭の良さには性差はないのです。これは心理学が出している結論です。

ただ、ここには3つの注意点があります。1つ目は、これはあくまで平均値の話ということです。2つ目は、個別の研究ではなく、様々な研究を含めた俯瞰《ふかん》的な研究の結果だということです。そして、3つ目は、これは様々な能力を含む一般知能の話であり、能力を個別に見ていくと違うところがあるということです。以下に、それぞれについて見ていきたいと思います。

天才は男性が多い？

ここで皆さんに質問です。「天才」という言葉を聞いて、思い浮かぶのは誰でしょう？ ここまでの話を踏まえて、「頭の良さ」という意味での天才の名前を、30秒間で挙げてみてください。

さて、誰の名前が思い浮かびましたか？　天才といっても、色々な分野の色々な天才がいます。画家であればフィンセント・ファン・ゴッホが思い浮かぶかもしれませんし、作家でいえばヴァージニア・ウルフ、音楽でいえばヴォルフガング・アマデウス・モーツァルト、スポーツでいえば大谷翔平、芸術家として草間彌生を思い浮かべたかもしれません。

このように、女性の天才も多数いるわけですが、頭の良さに関していえば、ルネ・デカルトやアルベルト・アインシュタインなどの男性を思い浮かべることが多いのではないでしょうか。もちろん、男性のほうが天才が多いと言いたいわけではありません。哲学や数学、物理学などの「頭の良さ」が必要そうな分野には歴史的に男性が多く、男性が主要な役割を担ってきたため、男性のほうが思い浮かびやすいというだけのことです。

こういった歴史上の天才は別としても、頭の良さに性差がないという先の結論を聞いて違和感を覚えた人もいるかもしれません。身近な頭の良い人として、家族や知り合いの男性が思い浮かんだという人もいるでしょう。

個々人のレベルでは、頭のいい男性もいれば、頭のいい女性もいます。ですが、そのような個々人を基に、「男性は頭がいい」という主張はできません。というのも、これでは身近に頭のいい人がいるかどうかに左右されてしまうからです。残念ながら、多くの人はこういう思考をしてしまっています。せいぜい数名の例に基づき、男性は頭がいいと考えてしまうのです。

ですが、女性と男性という、それぞれ地球上に存在する数十億人を、数名の事例に基づいて決めつけていいはずがありません。実際に地球上の全員を調べるわけにはいきませんが、ある程度の人数を調べて、その平均値などを、統計学を駆使して分析することで妥当な結論を下すことはできます。

このような方法で調べた結果として、現在では、頭の良さ、特に一般知能については性差がほとんどないと考えてよさそうです。[1]

性差に限らない話ですが、世の中にあふれる疑似科学は、事例に基づいていることが少なくありません。少数の事例を基に、全体がそうであるかを語るという手法です。がんの治療法とか、子育て法とか、自身の体験などに基づいてあたかも全体に当てはまるように語ります。ですが、これは科学的には誤りであり、誇大広告と言えます。

個々の事例の話と平均的な傾向が異なるという点は、女児や男児の話をするうえでも極めて重要です。本書は、平均的な傾向に基づいて進めていくという点にご留意ください。

メタ分析と系統的レビュー

知能に性差がないという結論を示しましたが、それにかかわる2つ目の注意点は、平均的な傾向を示す研究が１つあっても十分とはいえないという点です。このことは、有名な脳梁《りょう》の研究にも当てはまります。今から40年ほど前に、女性と男性の脳の構造に違いがあるという研究が、世界的に権威のある科学誌「サイエンス」誌に報告されました。[2] 私たちの脳には左脳と右脳があり、左右をつなぐ脳梁《のうりょう》という構造があります。脳梁は左脳と右脳の間の情報伝達をする部位で、女性のほうが太いという研究成果が報告されました。

例のごとく、男性の頭が良いと信じる人の中には、同じ問題を解決するにも、女性は左右両方の脳を使わないと解けないのではないか、などという議論をしたりする人もいたのですが、この研究には大きな問題点がありました。まず、調査対象が男性９人、女性５人という非常に少ない人数だったこと、そして、後続の研究者が同じような研究をしても、同じような結果が出ていないということです。

性差に関する研究では、このような例は少なくありません。ある研究が、何らかの能力や行動、脳の構造や働きに性差があると報告しても、後続の研究や大規模なデータを使った研究では同じ結果にならないのです。

難しいのは、前出の脳梁の研究でもそうなのですが、「性差がある！」という研究のインパクトが大きすぎることです。よって、後続の研究でこの成果が否定されても、非専門家の方にはその内容は届きにくくなってしまいます。「女性脳」「男性脳」などという似非科学者は、後続の研究を知らないのか、知っていても不誠実に取り上げないのかわかりませんが、いずれにしても、インパクトがある最初の研究のみを取り上げ、そのあとは個人的な事例などで自分の主張を補強するという手法を取っています。

ですので、個別の研究で性差があるという結果があったところで、私たちは慎重にならなければなりません。様々な研究結果を統合して全体的な傾向を分析する「メタ分析」や、様々な研究を俯瞰的に紹介する「系統的レビュー」などの研究を重視する必要があるのです。本書では、子どもの性差に関する膨大な研究結果を、包括的に分析したメタ分析や系統的レビューを概観することで、この問題についてできるだけ偏りのない科学的見地を提示したいと考えます。

本書で取り上げるもの以外にも、性差があるという研究は、調べれば山ほど出てきます。ですが、同じテーマで性差がないという研究も、同じくらい出てくるのです。個別の研究で主張している内容が、俯瞰的に見た場合に必ずしも正しいわけではないということは、ぜひ知っておいてほしいと思います。ちなみに、本章で書かれている内容もあくまで現時点のものであり、後続の研究で結論が変わりうることを申し添えておきます。

空間認知

知能の性差にかかわる３つ目の注意点は、様々な能力を含む一般知能に性差はなさそうなのですが、個別の能力を見ると性差があるものもある点です。一般知能とは、様々な能力を総合的に評価したものです。人間の総合的な頭の良さみたいなものだと思っていただければよいかと思います。そして、この総合的な頭の良さにはほとんど性差がありません。ですが、その中に含まれる２つの能力には差がある可能性が示されています。それは、空間を把握する能力と、言語を使う能力です。

筆者が大学生のころ、『話を聞かない男、地図が読めない女』（アラン＆バーバラ・ピーズ、２０００年）という本が大ベストセラーになりました。性差を過度に単純化しており、「女性脳」「男性脳」のような神話が社会に広まってしまう１つの契機になったものでもあるので、研究者としては評価できるものではありませんが、この本のタイトル自体は性差をうまくとらえているように思えます。

長年にわたる研究が出した結論として、空間認知はやや男性が得意であり、言語能力は一部において女性がほんの少し得意であるということが示されています。とはいえ、性差が認

心的回転（メンタルローテーション）課題

イラストの中の右手はどれ?

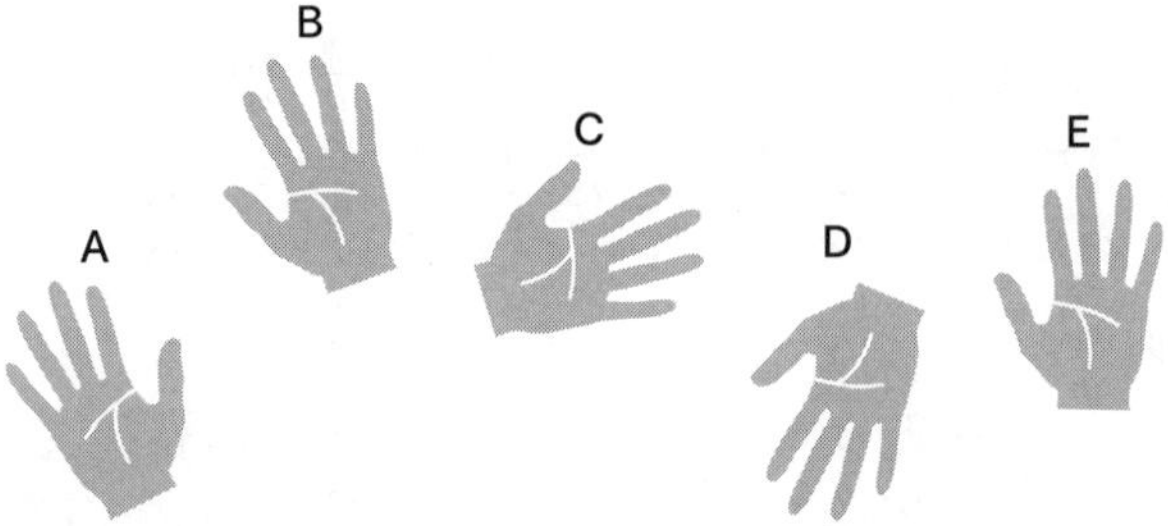

出典：筆者作成

正解：A、D

める のは、ほんの限られた課題や場面でのみです。

　空間認知について、代表的なものは心的回転（メンタルローテーション）です。これは、心の中で物体をイメージして、それを回転させることです。たとえば、立方体の図形を見て、それを90度回転させたらどうなるかを想像して課題を遂行したり、画面上に提示された色々な角度の手が右手か左手かを判断する際に、頭の中で手を回したりするのが心的回転です。

　心的回転については、膨大な数の研究がなされており、男性のほうが女性よりも、あくまで平均的に、心的回転の成績が良いと言えます。その差は、他の様々な能力の性差に比べると大きなもので、心理学者の中でも心的回転については性差があると言って差し支えないと考えられています。[3]

とはいえ、空間認知の中でも、心的回転以外の能力はそれほど強い証拠はありませんし、後で述べるように、性差と個人差の問題についてはしっかり考える必要があります。

言語能力

空間認知とともに性差があると考えられているのが言語能力です。言語能力と一口にいっても、言葉の意味を知っているか、どれだけ流暢《りゅうちょう》に発話できるか、コミュニケーション能力が高いか、など非常に幅広いものを含みます。

ごく最近のメタ分析によると、非常にわずかですが、女性のほうが男性よりも言語能力に優れていることが示されています。この分析では大規模なデータを用いて言葉の流暢性と言葉の記憶力が調べられています。[4]

言葉の流暢性とは、ある制限時間内に、多くの単語・言葉を思いつく能力のことです。言葉の流暢性にも、音韻の流暢性と意味の流暢性があり、前者はたとえば、最初に「あ」がつく言葉をできるだけ多く答えるという課題で、あめ、あり、あさ、などと回答します。意味の流暢性は、制限時間内に多くの単語を思いつく能力のことです。たとえば、1分間でできるだけ多くの動物の名前を言っていく、などの課題があります。

分析の結果、音韻の流暢性は女性の成績が良く、意味の流暢性では性差がないことが示されています。ただ、音韻の流暢性の性差もごく小さなものです。

言葉の記憶力については、読んで字のごとく、覚えた言葉を思い出したり、見たことがあると判断したりする能力です。こちらについても、小さいながら、女性の成績が良いという結果が示されています。

音韻の流暢性は日常における発話に、言葉の記憶力は読み書きと関連するので、会話や国語などの成績と関連する可能性があります。しかし、先にも触れたとおり性差は小さなものであり、我々が考えるほどの性差はないと言えるでしょう。

他にも女性が得意だと考えられがちなものとして、コミュニケーション能力が挙げられます。コミュニケーション能力については、なかなか研究として扱うのは難しいのですが、付加疑問文（〜だよね？）のようないくつかの発話が若干女性のほうが多いということが示されています。

性差と個人差

ここまで、心的回転と言語能力に性差があるという話を紹介しました。こういう話を聞くと、結局性差はある、女性と男性の能力は異なる、と思えるかもしれませんので、もう１つ重要な点について触れておきましょう。

先に、個々の事例ではなく、平均的な傾向を見ることが大事だと述べました。これは、全体的な傾向として性差があるかどうかを見るために必要なことです。とはいえ、平均的な傾向として性差があればそれでおしまいというわけではありません。

というのも、平均的に男性が心的回転に優れる、女性が言語能力に優れるからといって、すべての男性が心的回転に優れるわけではありませんし、すべての女性が言語能力に優れるわけではないからです。

たとえば、筆者は男性ですが、心的回転が得意ではありません。２次元についてはまだしも、３次元の空間になると思考停止に陥ります。数学の立体図形でも、少し難しい課題になると頭の中で回転することができなくなってしまい、本当に苦労しました。そのこともあってか、かなりの方向音痴です。国外に出張すると、ホテルにたどり着くのに非常に苦労してしまいます。タクシーを使えばいいのですが、公共交通機関に乗るのが好きなこともあり、駅から5分のホテルに着くまでに30分かかってしまうこともよくあります。Google《グーグル》 Map《マップ》を使っても、最初の一歩でなぜか逆方向に行ってしまいます。

同様に、女性でも、言語能力の成績がいい人もいれば、そうではない人もいます。女性だからといって、全員がそうではないというわけです。

つまり、ここで言いたいのは、平均的に性差があるからといってすべての人に当てはまるわけではなく、それ以上に個人差のほうが大きい場合があるということです。ある人が心的回転や言語能力に優れるかどうかは、性別によって決まる部分はごくわずかであり、それ以上に個人差のほうが大きいということになります。

本書でこれ以降も性差があるという話をしていきますが、この点は常に頭の片隅に置いておいてください。

攻撃性には性差がある

心的回転、言語能力以外で、性差があると言って差し支えないものがいくつかあります。代表的なものが、攻撃性と数学です。数学は第6章で詳しく触れることとして、ここでは攻撃性について見ていきましょう。

攻撃性については、男性のほうが強いことが示されています。これについては、あまり説明が必要ないかもしれません。最もわかりやすい例に、犯罪があります。第5章で詳しく触れますが、ここでも少し犯罪について見てみましょう。

世界中で、ほとんどの犯罪が男性によってなされています。日本国内の例として、令和4年度の犯罪統計資料（警察庁）を見てみましょう。あくまで検挙された人数なので、検挙されていない犯罪のことを考えると多少の違いはあるかもしれませんが、データ上、犯罪の多くは男性によってなされています。

攻撃性が高い犯罪として、殺人、強盗、放火を見てみましょう。それぞれ男性の被疑者の割合を出すと、75%、90%、77%と、いずれも男性が多数を占めていることがわかります。

研究においても、攻撃性は男性が高いことが示されています。攻撃性は、観察や、友達や先生、自分自身による報告が主になりますが、特に身体的な攻撃性は男性のほうが強いようです。一般的に、仲間外れのような、意図的に仲間関係にダメージを与える関係性攻撃は女性のほうが強いと考えられていますが、こちらの性差は非常に小さいようです。[5] これらの性差を生み出す要因については、第5章で見ていきます。

性差よりも類似性

ここまで見てきたように、性差があると思われる行動や能力はほとんどなく、比較的性差があると言えそうなものが、空間認知、言語能力、攻撃性でした。

平均値としては差がなくても、女性よりも男性のほうがばらつきが大きいという考えもあります。この考えによれば、ある課題において、女性と男性では平均値としてはあまり差がないものの、男性にはすごく成績が良い人とすごく成績が良くない人がおり、女性は比較的平均的な人が多いという考えです。結果として、平均値には差がないということになります。天才は男性に多いという思い込みと整合性があるため、このように考える人もそれなりにいますが、データとしては、この仮説については結果が混在しています。男性のほうがばらつきが少し大きいという証拠はあるものの、あらゆる能力で男性のほうがばらつきが大きいというのは言い過ぎのように思います。

以上のことを考えると、能力や行動という点に関しては、女性と男性ではそれほどの違いはなさそうです。実際に、ほとんどの心理学的特性は女性と男性で類似しており、性差はほとんどないという「類似性仮説」というものも提唱されています。[6]

これは読んで字のごとくであり、仮説と言えるほどのものかと思う向きもあるかもしれませんが、このようなことを仮説として主張しなければならないほど、私たちの心の奥底には、「性差がある」という思い込みが強いということなのです。

私たちは、あるグループに共通点と差異がある場合に、差異に注目しがちです。たとえば、日本とアメリカの子育てを語る際に、共通していることのほうが圧倒的に多いにもかかわらず、一人寝をさせるかどうかといった異なった部分ばかりに注目してしまいます。この点は注意をしたいところです。

脳に性差はあるか

ここまで、行動や能力の性差について見てきました。思ったほどには性差がない、もしくは、性差が小さいと思われたのではないでしょうか。これだけでも、「女性脳」「男性脳」のような言説が疑わしいものだということがおわかりいただけたと思います。とはいえ、これらはあくまで行動や能力であり、脳そのものではありません。それでは、脳そのものに性差はあるのでしょうか。

確実に違いがあると言えそうなのは、脳の重量です。統計によるばらつきはありますが、女性であれば概《おおむ》ね1200〜1250グラム程度、男性であれば1400〜1500グラム程度とされています。ですが、ここまで述べてきたように、現在においては、脳の重量そのものは行動や能力とは特段の関係を持たないと考えられています。

次に、脳の研究は、大雑把に言うと、脳の構造（つくり）と、脳の機能（働き）の研究に分類することができます。脳の構造については、脳梁に性差がある可能性が過去報告されましたが、のちの研究はこの結果を支持していません。これもここまで述べてきたとおりです。

その後、脳の構造の性差をめぐる大規模な研究が多数なされています。最初のメタ分析では、男性と女性の脳の構造はほとんど違いがないが、扁桃体、海馬、島皮質などの記憶や感情とかかわるような脳の部位においては若干の性差があることを報告しています[7]。

難しいのは、その後の分析や研究においては、必ずしも一貫した結果が得られないという点です。たとえば、前記のメタ分析で性差が見られた海馬という領域は男性のほうが大きいとされました。ところが、そもそも脳の体積は男性のほうが若干大きいため、全体の体積を考慮すると、男性のほうが大きいとは言えないという分析も報告されています。

同様のことは脳の機能についても言えます。脳の機能は、何も課題を課していないときの脳の働きや、何らかの課題をしているときの脳の働きを調べたりします。ある研究では、言葉を処理しているときの脳の機能に性差があるかを調べました。その結果、研究で用いられた一部の課題において、女性は脳の両半球を使う一方、男性は左半球のみを使うことが示されました。こちらも著名な科学誌に発表され話題になりましたが、その後の研究では同様の結果が出ないことが明らかになっています。

研究は膨大な数にのぼるので、脳の構造や機能に性差があるという研究を見つけることは難しくありません。メタ分析などの俯瞰的な研究を見てみても、一部であっても脳の構造や機能に性差があるという結論が下されることが多いように思います。

最近の論文でも、性差がないと結論付ける系統的レビューもあれば、性差がないとは言えないだろうという反論論文も出されており、実際のところ、どのようなデータを含めるのか、何を補正するのか、どういう分析をするかによって結果は大きく変わってしまいます。これは、行動や能力と比べても、脳の構造や機能のデータが非常に複雑であるためです。同じデータであっても、異なる結論が導かれることもしばしばです。

問題は、仮に一部の脳領域に性差があるとしても、そこから「女性脳」「男性脳」の存在を主張できるわけではない、という点です。

「女性脳」「男性脳」はなぜ間違っているか

実は、研究者の間でも、脳の構造や機能に性差があるかは、未だに議論が続いている重要な研究テーマです。性差があると主張する研究者もいれば、ないという研究者もいます。

しかし、性差があると主張する研究者であっても、女性と男性を二分する考え方、つまり、女性であれば女性脳を持つ、男性であれば男性脳を持つという極端な考えはあまり支持されていません[8]。つまり、多くの似非科学で主張されている「女性脳」「男性脳」が間違っている可能性が高いのです。

この点は、ここまで行動や能力の性差で説明してきたことを考えると、それほど難しいことではありません。女性脳を持つという考えが正しければ、すべての女性は心的回転が苦手であり、言語能力は高く、攻撃性は低いということになります。そして、平均的に女性が大きいとされる脳領域の体積はすべて大きく、平均的に女性のほうが活動が強い領域の活動はすべて高いということになります。男性も同様です。

ところが、平均的には女性と男性に違いがあるとしても、個々人を見ると、心的回転が得意な女性もいれば、心的回転が苦手な男性もいます。脳の構造を見ても、一部の脳領域の体積が平均的に男性が大きいとしても、その領域の体積が小さい男性もいるでしょう。

つまり、男性であっても、「男性脳」を持つ人ばかりではないわけです。女性であっても平均的な傾向として「女性らしい」行動や脳の特徴をすべて示すわけではありません。

行動や能力、脳の構造・機能には一部性差があるのは事実だとしても、重要なのは、これらの性差と「女性脳」「男性脳」が存在するというのは全く別物だということです。この点は強調したいと思います。この後も子どもの行動や能力の性差を紹介していきますが、筆者が「女性脳」「男性脳」を支持しているわけではないということを明示しておきます。

モザイク脳

脳の性差をめぐる新しい考えとして、モザイク脳仮説というものがあります。[9] これは、極端な「女性脳」「男性脳」を用いずに説明した、大変興味深い考えです。

そもそも、「女性脳」「男性脳」の基底には、性別を二項対立的にとらえる考えがあります。これは、生物の性を、完全に女性と男性、もしくは、メスとオスに分けてしまうものです。しかしながら、実際には、女性の中にも、男性の中にも、バリエーションがあります。ものすごくマッチョな感じの、いわゆる「男らしい」男性もいれば、そうではない男性もいます。女性も同様です。最近は性スペクトラムという考えが出てきており、メス（女性）からオス

（男性）へと連続する性の表現型としてとらえるようになっています。

女性にも男性にもバリエーションがあるということを踏まえて、モザイク脳仮説を説明しましょう。たとえば、脳領域AとBの体積を、女性50名と男性50名を対象に測定して、脳領域Aは平均的に女性が大きく、脳領域Bは平均的に男性が大きいとします。次に、女性50名と男性50名の個々人のデータを見てみます。この場合、脳領域Aが大きく、脳領域Bが小さい人は、女性よりの女性であり、その逆が男性よりの男性ということになります。実際には、脳領域Aが小さく、脳領域Bが大きい女性や、脳領域Aが大きく、脳領域Bが小さい男性もいます。これを多数の脳領域を対象に分析してみると、ある女性は、女性よりの脳部位もあれば、男性よりの脳部位もあり、別の女性は女性よりの脳部位がほとんどかもしれません。

モザイク状であるとは、複数のものが混ざっているということですが、私たちの脳も、女性よりの部位と男性よりの部位がごちゃ混ぜであるということなのです。女性が、自分の中には「男性らしい」特徴（ここでは、心的回転の得意さなど）があると思われることもあるでしょう。この考え方は、直感にも合う部分があるため、新しい考えとして注目を集めています。

ただし、この仮説に異論がないかというと、必ずしもそうではないことも記しておきたいと思います。分析の方法やデータの解釈、脳領域の関係を十分に扱えていないことなどから、論争を引き起こしています。

脳の性差については、まだまだわからないことが多く、これから進展していく研究領域ということになるでしょう。ただ、極端な形での「女性脳」「男性脳」というものが否定されているということは間違いなさそうです。

生まれか育ちか

本章では、大人を対象に、行動や能力、脳の構造や機能に性差があるかを見てきました。その結果として、性差は大きくなく、個人差のほうが大きいと思われること、しかしながら、一部の行動や脳には性差が見られる可能性が示されました。

ここからが、本書のメインテーマです。大人で見られる小さな性差は、生まれつきなのでしょうか、それとも、子育てや学校教育などの環境の影響なのでしょうか。どうやら、「女性脳」「男性脳」を主張する人、もしくは、そのような考えを受け入れる人には、性差があることは生まれつきのものだと考える傾向が強いように思います。女性の身体を持つから、生まれつき女性脳を持つという考えをするようです。

本書では、これ以降の章で、赤ちゃんや子どもを対象にした研究を概観する中で、行動や能力の性差が、どのくらい早い時期から見られ、どのような要因によって性差が拡大してくのかについて考えていくことになります。

先に簡単に結論を述べると、赤ちゃんや幼児期において、行動や能力にほんの少しの性差が見られます。ですが、より大事なのは、生物学的な要因や子育てや教育などの環境的な要因によって、このような性差が拡大していく可能性があることです。

読者の皆さんには、自分たちが何気なく行っている行動が、知らず知らずのうちに子どもの行動や性差を生み出している可能性について、ぜひ考えてみていただきたいと思います。

文献

1 Colom, R., Juan-Espinosa, M., Abad, F., & Garcia, L. F. (2000). Negligible sex differences in general intelligence. *Intelligence, 28* (1), 57-68.

2 de Lacoste-Utamsing, C., & Holloway, R. L. (1982). Sexual dimorphism in the human corpus callosum. *Science, 216* (4553), 1431-1432.

3 Voyer, D. (2011). Time limits and gender differences on paper-and-pencil tests of mental rotation: A meta-analysis. *Psychonomic bulletin & review, 18*, 267-277.

4 Hirnstein, M., Stuebs, J., Moè, A., & Hausmann, M. (2023). Sex/gender differences in verbal fluency and verbal-episodic memory: A meta-analysis. *Perspectives on Psychological Science, 18* (1), 67-90.

5 Archer, J. (2004). Sex differences in aggression in real-world settings: A meta-analytic review. *Review of general Psychology, 8* (4), 291-322.

6 Hyde, J. S. (2014). Gender similarities and differences. *Annual Review of Psychology, 65,* 373-398.

7 Ruigrok, A. N., Salimi-Khorshidi, G., Lai, M. C., Baron-Cohen, S., Lombardo, M. V., Tait, R. J., & Suckling, J. (2014). A meta-analysis of sex differences in human brain structure. *Neuroscience & Biobehavioral Reviews, 39,* 34-50.

8 Hirnstein, M., & Hausmann, M. (2021). Sex/gender differences in the brain are not trivial-A commentary on Eliot et al. (2021). *Neuroscience & Biobehavioral Reviews, 130,* 408-409.

9 Joel, D., Berman, Z., Tavor, I., Wexler, N., Gaber, O., Stein, Y., ... & Assaf, Y. (2015). Sex beyond the genitalia: The human brain mosaic. *Proceedings of the National Academy of Sciences, 112* (50), 15468-15473.

第2章

子どもの好みの性差

第1章では、大人を対象に、行動や能力、脳の性差があるかについて見てきました。それらをまとめると、ほとんどの行動や能力には性差はないものの、心的回転や言語能力などの一部において性差があることが確認されました。また、脳の性差については、一般に考えられているような「女性脳」「男性脳」はないという点では研究者は一致しているものの、脳の性差がどの程度あるかについては未だに研究途上であることも紹介しました。これ以降の章では、そういった性差が子どものころから見られるかどうかを検証していきます。

しかし、日々の生活を通して、「子どもには厳然たる性差が存在する」と感じている人も多いでしょう。そのわかりやすい根拠として、子どもの色、おもちゃ、遊び、といったものの好みが挙げられます。本章では、そういった「好みの性差」について見ていきます。

息子の赤いランドセルを許容できるか

以前、子どもを持つ女性を主なターゲットとした雑誌にインタビューを受けたことがあります。その時のテーマが、息子が赤いランドセルを選ぶことを許容できるか、というものでした。

これは、実際にあったケースに基づいた記事でした。ランドセルといえば、小学校に入ること、つまり、子どもが大きくなったことの象徴です。値段も高いし、低学年の児童が持つには大きく、高学年の児童が持つには小さいこのかばんを購入することにどれだけの意義があるのか、気になるところもあります。とはいえ、祖父母などの親族がランドセルを購入することを喜ぶなど、社会的な意味合いとしてランドセルの必要性はまだ残っているのかな、などと思ったりもします。

筆者が小学生のころは、ほぼ１００％女児は赤色、男児は黒色のランドセルで、私立の小学校に通う同じくらいの年齢の子どもの持つバッグを見てうらやましく思ったものです。ですが、ランドセルの色は、ここ数十年で多様性を増してきていて、ランドセルを選び、購入するまでの一連の活動を指す「ラン活」という言葉もあります。２０２４年5月のセイバン社の調査によれば、女児にはかなり多様性がある一方で、男児は比較的画一的なようです。実際、男児では、黒系が66％、青系が19％で、この２つで85％を占めます。一方、女児では、ピンク系が27％、紫系21％、青系が15％、茶色系10％で、かつてはほとんどの女児が持っていた赤系はたったの7％です。

確かに、赤色のランドセルを持った女児を見ることは減りましたが、赤色のランドセルを持つ男児を見ることもそれほど多くありません。このような状況で、自分の息子が赤色のラ

2025年度小学校入学予定児童のランドセルの色

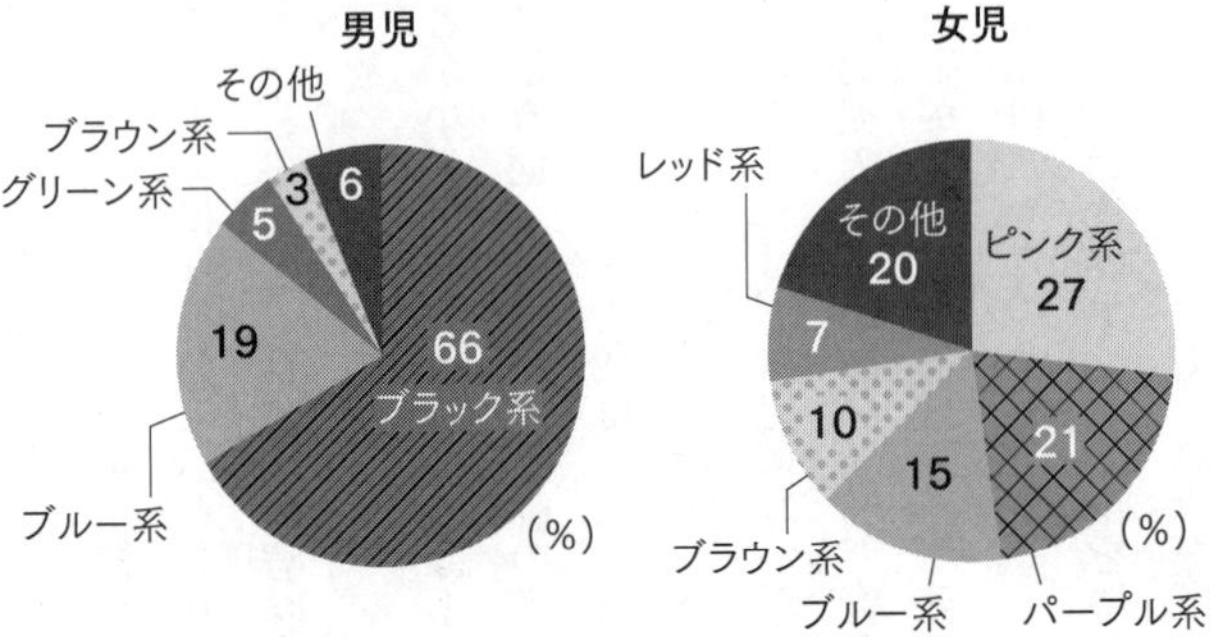

出典：株式会社セイバンホームページ「ランドセル選びの傾向がひと目でわかる！数字から見る『ラン活』レポート【2025年度版】」を一部改訂

ンドセルを選びたいと言ったときに、それを尊重できるかという問題です。

しかし、考えてみると、これは奇妙な問題です。男児が赤色を選ぶのはそれほど不思議なことではないはずです。戦隊もののエースはたいてい赤色ですし、サッカーではマンチェスター・ユナイテッド、リバプール、スペイン代表、浦和レッズ、野球でも広島カープやMLBのエンゼルスなど、赤色のユニフォームを着用しているチームは少なくありません。男児が赤色を好むことは、全然不思議ではないのです。

結局のところ、今の親の世代では、「赤色のランドセル＝女児」という記憶があり、その思い込みが子どもの選択を阻害しています。

小学校以降はより友達関係が大事になっているので、友達同士での同調圧力の中で、赤色を持つことが心配になるということもあるでしょう。

こういう問題が出てくるのは、子どもの好みに多様性が出てきたからかもしれません。では、子どもの色の好みは本当に多様なのでしょうか。次に、色の好みとその性差について見ていきましょう。

色の好みの性差

子どもが好む色といえば、女児はピンク、男児は青、が一般的な見方でしょう。実際、欧米の子どものジェンダー論では、ピンクブレイン、ブルーブレインと言うなど、ピンクと青は子どもの性別の象徴になっています。しかし、子どもは本当にこのような色を好む傾向があるのでしょうか。

欧米諸国がリードする発達心理学の研究においても、女児がピンクを好み、男児が青を好むというのは、強い傾向として広く知られています。ここでは、学研教育総合研究所が出している２０２２年の幼児白書Ｗｅｂ版と２０１８年の小学校白書Ｗｅｂ版を基に、日本人の子どもの傾向を見ていきましょう。

幼児は対象が1200人、小学生も対象が1200人という、それなりの規模の研究です。まず幼児について見てみると、女児においては、最も好きな色はピンクであり、4歳から6歳の子どもの約80%が好きな色として挙げています。2番目に人気のある色は年齢で異なり、4歳では赤色、5歳と6歳では紫色が挙げられ、水色なども人気があるようです。

一方の男児においては、最も好きな色は青色であり、4歳から6歳の子どもの約半数が選んでいます。興味深いのは、2番目に好きな色はいずれの年齢も赤色であることです。つまり、男児が赤いランドセルを選ぶのは全く不思議ではないわけです。また、男児ではピンクの人気はかなり低いことも示されています。

次に、小学生を見てみると、女児のピンクの人気が年齢によって変わっていくさまが興味深いです。ピンクが人気なのは間違いないのですが、4年生や5年生では、水色にトップの座を奪われています。また、小学校1年生の女児の約66%がピンクを好きな色として挙げるのに対して、2~3年生で5割程度に減り、4年生になると4割程度になり、5~6年生では4割を切ってしまいます。

一方、男児においては、6割程度の男児がどの学年においても青色を好むようです。赤色も3年生までは2番目に好きな色なのですが、4年生以降は人気がなくなり、緑や黒が人気

幼児・小学生の好きな色

【女児（4〜6歳）】

	1位	2位	3位	4位	5位
4歳	ピンク	赤	水色	紫	青
5歳	ピンク	紫	水色	青	赤
6歳	ピンク	紫	水色	赤	青

【女児（小学生）】

	1位	2位	3位	4位	5位
1年	ピンク	水色	紫	黄	赤
2年	ピンク	水色	青・紫		黄
3年	ピンク	水色	青	紫	緑
4年	水色	ピンク	青・紫		白
5年	水色	ピンク	青	紫	黄
6年	ピンク	水色	青	黒	紫

【男児（4〜6歳）】

	1位	2位	3位	4位	5位
4歳	青	赤	緑	黄	水色
5歳	青	赤	緑	黄	水色
6歳	青	赤	緑	金	黄

【男児（小学生）】

	1位	2位	3位	4位	5位
1年	青	赤	緑	黒	金
2年	青	赤	緑	黄	金
3年	青	赤	緑	黒	水色・黄色
4年	青	緑	黒・赤		水色
5年	青	黒	緑	赤	水色
6年	青	緑	黒	赤	水色

出典：学研教育総合研究所「2022年の幼児白書Web版」「2018年の小学校白書Web版」を基に筆者作成

になってくるようです。

このデータは厳密な方法ではないですし、統計的分析もなされていないので注意が必要ですが、日本の子どもにおいても、女児はピンク、男児は青、という色の好みは見られるようです。しかし、男児では4歳から12歳ごろまで青色が安定的に人気であるのに対して、女児では4~6歳で圧倒的だったピンクの人気が、小学校に入ると急落するようです。

また、繰り返しになりますが、あくまでここでの色の好みは傾向に過ぎず、女児が全員ピンク色を好きなわけではないですし、男児が全員青色を好きなわけでもありません。茶色や灰色を選ぶ子どもはほとんど見られないのですが、色の好みは多様ですし、1つに絞られるものでもありません。さらに、ピンクや青を挙げておいたほうがいいと子どもが思った可能性すらあるので、その点も注意が必要です。

こういう色の好みの傾向は、欧米諸国でも見られることもあり、工業化されたいわゆる先進国の中では共通した傾向として見られるようです。

本書として取り上げたいのは、こういった色への興味が、生まれつきのものなのか、それとも、生後の経験の影響なのか、という点です。

色の好みは生まれつき？

読者の皆さんは、色の好みは生まれつきだと思うでしょうか。それとも、環境の影響だと思うでしょうか。生まれつきというのは、女性として生まれた場合にはピンクが好きだと決まっているということになり、男性として生まれた場合には青色が好きだと決まっているということです。

実は、色の好みは生物学的・進化的に興味深い問題です。特定の色を好む、もしくは、特定の色に対して感受性を持っているというのは、配偶者選びにとって大事だという考え方もあります。果たして、ピンクを好むこと、青色を好むことに、何らかの進化的な意味はあるのでしょうか。

いくつかの考えを紹介しましょう。１つは生物学的な話で、私たちの色を知覚する視覚システムに性差があるという説です。色の見え方には性差があり、その違いによって色の好みが異なってくるという考え方です。もう１つは、性差を説明するためによく使われる進化論的な話で、女性がピンク色を好むのは、赤い果物を探す狩猟採集時代の名残という説です。つまり、狩猟採集時代には採集を女性が担っており、赤い果物を探すことのできる女性のほうが生存に有利だったという考えです。

また、健康な配偶者を選ぶ助けになったという説があります。女性がピンク色を好むのは、健康な男性パートナーを選ぶうえで役立つ適応であったからではないかということです。つまり、赤みを帯びた男性の顔色が、健康や活力を表すシグナルとなり、そうした色を好むようになった、という考えです。

一見もっともらしいですが、最近ではたとえば採集を女性が担っていたという前提そのものが疑問視されています。また、女児がピンクを好むことを説明しようとする理論はあるものの、男児が青色を好むことを説明できません。

このことから、環境や生まれてからの経験を重視する考えが提案されています。たとえば、子どもの色の好みは、ピンク色が女性的であるという社会的・文化的メッセージによって形成されるという考え方があります。おもちゃの広告やメディアの情報などから、「ピンク＝女性」というつながりを認知し、その通りの振る舞いをするようになるのではないかというものです。

確かに、子どもの洋服売り場に行ってみても、服の色には顕著に色の違いが見られます。女児の服はピンクや水色、紫色が並ぶのに対して、男児の服は黒や青が並んでいます。多様性を重んじるはずのグローバル企業においても、この傾向は未だになくなっていないように思われます。

色の好みは文化で変わる

ここで、どのような文化や地域の子どもにも同じような色の好みがあるのかを検討した研究を紹介しましょう。[1] 具体的には、ペルーのアマゾン地域に存在する村の子ども、バヌアツ共和国のタンナ島の高地に位置する村の子ども、コンゴ共和国北部地域に居住する狩猟採集を生活様式とする民族の子ども、そしてオーストラリアの都市部に住む子どもを対象に検討した調査です。

もし色の好みが生まれつきだという考えが正しければ、おそらくどのような国や文化で生まれた女児も、ピンクを好むはずです。一方、経験や環境が大事なのであれば、都市部に住む子どもでは色の性差が見られ、それ以外の子どもではその傾向が弱くなるはずです。

これらの文化の４歳から11歳の子どもを対象に、青とピンクのペアを提示して、どちらの色が好きかを尋ねました。また、ピンクだけに限定されるかを調べるため、青と赤のペアや、ピンクとペールブルー（明るい青）も提示しました。

その結果、まず、赤と青や、ピンクとペールブルーでは、性差が見られませんでした。性差が見られたのはピンクと青のペアだけ、しかもその性差は都市部に住む子どものみで見られました。つまり、都市部の子どもでは、ピンクを選ぶ傾向に性差が見られたのです。ペルーの子ども、バヌアツ共和国の子ども、コンゴ共和国の子どもではその傾向が見られませんでした。

この研究では、都市部に住む子どもで見られる性差が、興味深い形になっています。性差があった場合、実は結果に2つの方向性があります。1つは女児がピンクを好むという方向性、そしてもう1つは、男児がピンクを避けるという方向性です。この研究では、都市部に住む子どもでは、女児がピンクを好むというよりは、男児がピンクを避けるという結果でした。私もかつて男児であったことから、「ピンクなんて」というようなこの気持ちは理解できます(今はピンクのシャツを着たりしていますが)。

この研究結果を見てみると、すべての文化や地域でピンクを好んだり、避けたりする傾向はなさそうです。乳児期にはピンク色の好みが見られないという結果が多いことも踏まえると、色の好みについては、生まれつきというよりは環境や経験の影響が大きいという結論のほうが妥当のように思えます。

おもちゃの好み

色の好みは、生物学的な要因や生まれつきというよりは、経験や環境の影響が大きそうだという話をしてきました。では、子どもの好みの性差は、すべて経験や環境の影響なのでしょうか。もう1つのトピックを通じて見ていきましょう。

それは、おもちゃの好みです。おもちゃの好みは、色の好みと並んで、性差が最も大きいものの1つです。女の子は、おままごとセットやぬいぐるみ、人形遊びが定番で、男の子は、車や電車、戦隊ものや武器などが好まれる傾向が強いと思います。

まだ1歳にも満たない赤ちゃんであっても、親はもちろん、祖父母も、親戚も、何らかのプレゼントをするときに、おもちゃを選ぶことは少なくないでしょう。その時の選択基準は、子どもの性別になりがちです。女の子だからぬいぐるみがいいよね、男の子だから将来は野球選手だと、ボールをあげる人もいるでしょう。

もちろん、会ったこともない赤ちゃんへのプレゼントを選ぶ際には他に手がかりがないので、性別で絞り込むことは無理からぬことです。問題は、赤ちゃんに生まれつきおもちゃの好みがあり、その好みに沿ったプレゼントになっているのか、それとも、そういったプレゼントを与えることが赤ちゃんの好みを生み出し、おもちゃの好みの性差が現れるのか、という点です。生まれつきなのか、経験や環境の影響なのか、ということですね。

心理学でもこの問題は非常に多くの研究がなされており、その研究結果を俯瞰的に見た2つのメタ分析について紹介しましょう。1つ目の2018年に出されたメタ分析は、16の研究を分析しており、[2] もう1つのメタ分析は2020年に出版され、より規模が大きく、75もの研究が含まれています。[3]

これらの分析では、まず、おもちゃを、女児向けおもちゃと男児向けおもちゃとして分類しました。女児が好むおもちゃとして人形やままごとセット、男児が好むおもちゃにはブロックや乗り物などが含まれています。

まず、全体として、やはり、女児は男児向けおもちゃよりも女児向けおもちゃ、男児は女児向けおもちゃよりも男児向けおもちゃを好むことが示されました。この傾向はかなり強いという結果で、2つのメタ分析で一貫しています。

2つ目のメタ分析ではおもちゃをより詳細に分析しており、女児向けのおもちゃとして最も多く含まれているのが人形で、その次がおままごとの台所、男児向けは圧倒的に乗り物であることが報告されています。女児は人形、男児は乗り物に限定して分析してみても、女児は男児よりも人形を好み、男児は女児よりも乗り物を好むことが示されました。

次に、年齢とともに、おもちゃの好みがどのように変化するかについても検討されています。1つ目のメタ分析には1歳から8歳くらいまでの子どもが、2つ目のメタ分析には生後3か月から11歳までの子どもが含まれていました。男児では好みが年齢と関係する可能性が指摘されており、年齢が高い子どものほうが、低い子どもよりも、男児向けおもちゃを好む傾向が強いことが示されています。女児では明確な傾向はありませんでした。

これらの分析では時代の影響についても検討されています。現代に近づくにつれて、おもちゃの好みの性差が小さくなっていくかどうかを調べているのです。この点に関しては2つの分析で結果が分かれています。最初の分析では、女児は現在に近づけば近づくほど女児向けのおもちゃでも男児向けのおもちゃでも遊ばなくなり、男児は過去に比べると現在のほうが男児向けのおもちゃで遊ぶ傾向が減ると示されています。一方で、より大規模な2つ目のメタ分析では時代の影響は出ておらず、こちらのほうが分析に含まれた研究数が多いことから、そこまで時代の影響はないと考えたほうがよさそうです。

興味深いのは研究方法の影響が大きい点で、女児向けのおもちゃと男児向けのおもちゃから強制的にどのおもちゃが好きかを選ばせると、他の手法に比べて性別による違いがより大きく出る傾向がありました。この方法だと、子どもが本心からではなく、性別に沿ったおもちゃを選んだほうがいいのかなと思ってしまったり、二択を強いられることで選択が制限されてしまったりする可能性があります。自由遊び場面では、中立的なおもちゃの選択もできるため、より実際の選好を反映しやすい可能性があります。

このように、おもちゃの好みについても性差があり、その性差は、年齢とともに大きくなるようです。この結果を受けると、色の好みと同様に、おもちゃの好みは環境や経験の影響が大きいということになるような気がします。この点をもう少し考えてみましょう。

サルのオスも乗り物が好き！

そもそも、研究結果を見る前から、おもちゃの好みの性差については、環境や経験の影響が大きいという考えが一般的のように思えます。おもちゃというものは基本的に人間がつくり出したものだからです。また、子どもが社会や文化の影響を受けて性役割（「女らしさ」「男らしさ」）のようなものを取り入れ、自分の性別に合致するようなおもちゃを好むようになるという指摘もなされています。実際に、子どもが自分の性別を把握するようになると、自分の性別に沿ったおもちゃで遊ぶようになるという研究結果もあります。

ただし、生まれつき性差があるという考えと一致する研究結果が全くないかというと、そうでもなさそうです。この研究は色々と議論の的になっているので注意が必要なのですが、面白いトピックなので紹介したいと思います。

それは、ヒト以外の動物、具体的には、ベルベットモンキーを対象にした研究です。[4] もちろん、サルにどのようなおもちゃが好きかを問うことはできないので、どのくらいの時間おもちゃに接触するかで調べられています。

この研究は、サルの集団を対象にしました。それぞれの集団にメスとオスが含まれており、子どものサルのみが対象というわけではありません。サルの集団がいるケージに、人形、鍋、ボール、パトカー、絵本、犬のぬいぐるみを置きました。人形と鍋がメス向け、ボールとパトカーがオス向け、絵本とぬいぐるみが中立的なおもちゃとみなされました。

動物たちの行動は外からビデオで記録され、接触時間と接近時間が記録されました。その実験の結果、人間の子どもと同じような傾向が見られたのです。つまり、メスのサルは、オスのサルよりも、人形や鍋と接触する時間が長く、逆に、オスのサルは、メスのサルよりも、ボールやパトカーと接触する時間が長いことが示されました。中立的なおもちゃには差がありませんでした。

類似した研究結果がアカゲザルでも報告されています。[5] こちらでは、オスのサルではぬいぐるみのようなおもちゃよりも乗り物のようなおもちゃと接触しやすかったこと、メスのサルでは明確な傾向がないこと、年齢との関係が見られないことが示されました。

メスの結果は一貫していないものの、少なくともオスのサルが乗り物を好むという結果に個人的には衝撃を受けました。その後の研究を見てみると、人間以外の動物でおもちゃの好みに性差がないことを報告する研究もあったり、逆に野生のチンパンジーでも性差が見られるという研究があったり、人間の子どもの研究の数と比べるとまだまだ研究が十分と言えない状況で、結論を下すのは時期尚早でしょう。

そもそも、これらの研究の参加個体には子どもも大人も入っているため、このことが生まれつきおもちゃの好みに性差があることの証拠になると言えるかどうかは慎重になる必要があります。環境や経験の影響がないとは言い切れないためです。

とはいえ、人間特有の環境や経験だけではおもちゃの好みの性差は説明できないという点では、興味深い例と言えるでしょう。

本章のまとめ

以上のように、色の好みとおもちゃの好みを例に、これらの性差が果たして生まれつきのものなのか、それとも経験や環境の影響なのかについて考えてきました。

まず、確実に言えることは、子どもの色の好みやおもちゃの好みには、性差があるということと、その性差は年齢とともに大きくなるということです。年齢とともに大きくなるということは、遺伝子のスイッチが入ったという見方もできますが、環境や経験の影響を受けて、自分の性別に一致する好みを示すようになったと考えることもできます。

また、色の好みについては、文化普遍的なものではなさそうなので、女性であればピンク、男性であれば青を好むように私たちが進化してきたと考えるのは難しそうです。家族や親族、保育園・幼稚園や学校、友達同士の関係性、メディアの影響などによって、色を好むように方向づけられたと考えたほうがよさそうです。

おもちゃの好みについては、環境や経験の影響は大きそうですが、生まれつきの要因が全くないかというと、そういうわけではないのかもしれません。人間以外の動物の研究は興味深く、現時点では、オスにおいてはやや男児向けと同じようなおもちゃを好みそうです。この説明としては、オスはメスに比べ、運動能力や活動量が高いため、動きがあるおもちゃやボールを好むのではないかということのようです。このことは、人間の男児にも当てはまるのかもしれません。

ここで言いたいのは、女児と男児に何らかの違いがあったときに、その違いがすべて生まれつきの要因というわけではないし、環境や経験の影響だけで説明できるわけでもなさそうだということです。1つ1つの行動を慎重に見極める必要があるでしょう。

文献

1 Davis, J. T. M., Robertson, E., Lew-Levy, S., Neldner, K., Kapitany, R., Nielsen, M., & Hines, M. (2021). Cultural components of sex differences in color preference. *Child Development, 92* (4), 1574-1589.

2 Todd, B. K., Fischer, R. A., Di Costa, S., Roestorf, A., Harbour, K., Hardiman, P., & Barry, J. A. (2018). Sex differences in children's toy preferences: A systematic review, meta-regression, and meta-analysis. *Infant and Child Development, 27* (2), e2064.

3 Davis, J. T. M., & Hines, M. (2020). How large are gender differences in toy preferences? A systematic review and meta-analysis of toy preference research. *Archives of Sexual Behavior, 49* (2), 373-394.

4 Alexander, G. M., & Hines, M. (2002). Sex differences in response to children's toys in nonhuman primates (Cercopithecus aethiops sabaeus). *Evolution and Human Behavior, 23* (6), 467-479.

5 Hassett, J. M., Siebert, E. R., & Wallen, K. (2008). Sex differences in rhesus monkey toy preferences parallel those of children. *Hormones and Behavior, 54* (3), 359-364.

第3章

子どもの空間認知の性差

第2章では、子どもの好みの性差について見てきました。色の好みのように、性差が環境や文化に強く影響を受けるものもあれば、おもちゃの好みのように、生物学的な要因が関与しているものもありました。

第3章以降では、大人で性差が見られる行動や能力について詳細に見ていきます。第1章で紹介したように、空間認知、言語能力、攻撃性、学力の4つは性差があると言っても差し支えなさそうです。その中でも、第3章では、最も性差が大きいと思われる、空間認知について見ていきます。大人で見られる性差は、子どもの発達のどの時点で見られるようになるのでしょうか。

空間認知とは

改めて、空間認知とはどのようなものでしょうか。空間認知は、物体の位置や方向、形状などの空間的な情報を認識し理解する能力のことを指します。たとえば、立体物の形を把握したり、物体の向きを判断したり、自分の位置を認識したり、地図を読んで方向をとらえたりすることなどが空間認知能力に当てはまります。

この能力は、日常的に目的地を探すことから、算数や数学などの勉強、スポーツ、仕事など様々な場面で活用されます。身近な例でいえばパズルを完成させるには空間を把握する必要がありますし、目的地を見つけるためには、方角や距離、自分の位置の関係を理解しなければなりません。地図や設計図を読み解くためにも、この能力がかかわってきます。サッカーでパスを出すときにも味方がどこにいるかの把握が必要です。

そして、先述の通り、筆者はこれらのいずれも不得手にしています。パズルを完成させたことはありませんし、根っからの方向音痴でいつも誰かについていっています。設計図などは本当に読めないので、描ける人も読める人も心から尊敬しています。小学校・中学校時代はサッカーをやっていましたが、華麗なパスを出せたことはありません。

空間認知は算数や数学、ＳＴＥＭ分野の成績が良いかどうかに関連します。ＳＴＥＭとは、Science（科学）、Technology（技術）、Engineering（工学）、Mathematics（数学）の頭文字をとった、いわゆる理数系の学問や産業を総称する用語です。つまり、空間認知は、理系分野に関係するということになります。

そして、空間認知の性差がＳＴＥＭ分野の成績の差につながる可能性があります。空間認知全般に性差があるわけではなく、性差が顕著なのは第１章でも紹介した心的回転能力です。この能力の性差が、ＳＴＥＭの性差に関係しうるのです。たとえば、中学生を対象とした研究では、心的回転課題において男子が得意であることが、男子のSTEM関連科目の成績の高さと関連することが示されています。[1] このように、心的回転能力の性差は、思春期初期から生徒のSTEM分野への関心に影響を及ぼす1つの要因となる可能性があるのです（第6章も参照）。

心的回転の性差が理系分野の性差につながるのであれば、女性が理系分野に進むための障壁の1つとなる可能性もあります。ただ、心的回転に性差があるとしても、それが生まれつきなのか、環境によるものなのか、もしくはその両方なのか、という点はしっかりと考える必要があるでしょう。そこで、赤ちゃんや子どもを対象とした心的回転の研究について見ていきたいと思います。

赤ちゃんを研究する

では、赤ちゃんの心的回転能力はどのように調べることができるでしょうか。その前に、大人を対象とした研究方法について簡単に紹介します。大人の研究にもいくつかやり方があります。2つの図形を提示して、その図形が同じものであるか、違うものであるかをキーボードのボタンで示すという方法が伝統的です。

大人の心的回転（メンタルローテーション）能力を調べる課題の例

2つの図形を回転させると同じ形になるか？

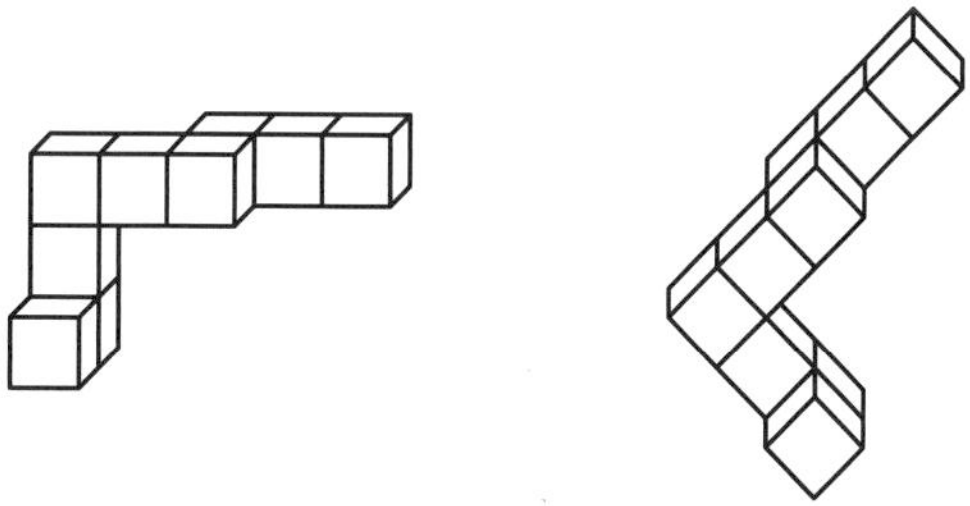

出典：筆者作成

上図のように、立方体のブロックを3次元的に結合させた、若干複雑な形状の図形を使います。2つの図形は頭の中で回転させることで同じ図形になる場合と、ならない場合があります。このような課題において、大人の場合は、ボタンを押すことで同じか違うかの判断を示してもらいます。ちなみに、上図の2つの図形は「同じ」です。

ところが、赤ちゃんにボタンを押して意思表示してもらうことはできません。また、同じと思うか、違うと思うかを尋ねることもできません。そこで、赤ちゃんを対象にした研究では、赤ちゃんでも活発に動かすことのできる視線を利用します。これは、赤ちゃんの飽きやすいという性質と、新しいものが好きだという性質を利用しています。

赤ちゃんに新しい画像を提示すると、それを好んで見ます。ですが、同じ画像を何度も何度も提示すると、飽きてきます。大人でもそうですよね。たとえば、画像Aを10秒間提示していると10秒ずっと見ますが、一回画像を消して、もう一度10秒間提示すると、7秒くらいしか見ません。これを繰り返すと、最後は全く見なくなります。ここまでの段階を、「慣れの段階」と呼ぶとしましょう。

赤ちゃんが飽きた後に、テストに移ります。テストで画像Bを10秒間提示した場合に、赤ちゃんが10秒見たとすると、赤ちゃんは画像Aと画像Bを「違う」と思っていると推測できます。一方、画像Bを全然見なかった場合は、赤ちゃんは画像Aと画像Bを区別していない、つまり、同じようなものだと思っていると推測できます。

この方法を利用した赤ちゃんの心的回転の研究があります。実は、この研究には個人的に思い入れがあります。筆者は大学院生のころ、発達心理学の研究を社会に発信するためにブログを書き始めました。ブログをきっかけに研究の幅が広がったり、共同研究が始まったりしたらいいと思ったのと、学問は学術界だけではなく社会との接点を持つことが大事だと考えたためです。今は更新していませんが、未だにウェブ上に残っている「発達科学・発達心理学を考える」というブログです。

最初にブログで取り上げる研究を探して出席していた様々なイベントの中に、ジェンダーに関するシンポジウムがありました。筆者の所属する大学にゆかりのある女性の物理学者や数学者が登壇し、なぜこれらの分野は男性の研究者ばかりなのかを議論していました。

議論そのものは個人の経験談がメインだったのですが、出席者から出た質問が筆者の興味を引きました。それは、仮に女性と男性で数学の成績に差があるとして、それは生まれつきなのでしょうか、というものでした。シンポジウムの出席者が答えることのできなかったその質問に、筆者は心の中で密かに回答していました（発言しにくい雰囲気だったので口には出しませんでしたが）。というのも、そのシンポジウムの前に参加した国際学会で、赤ちゃんの心的回転に関する研究を聞いていたからです。

この経験を通じて、ブログに最初に取り上げたテーマが赤ちゃんの心的回転だったのです。

赤ちゃんの心的回転

赤ちゃんの心的回転の研究では、大人の研究で使うような立体図形だと複雑になってしまうので、簡単な画像を使います。ある研究では、3〜4か月の女児と男児に、2次元の画像

赤ちゃんの心的回転能力を調べる課題

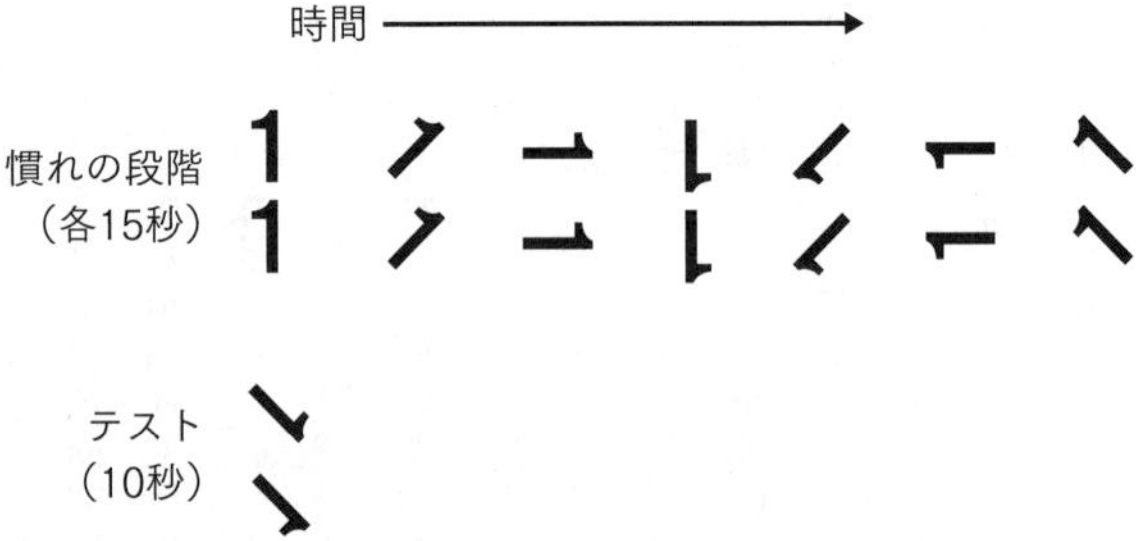

出典：Quinn, P. C., & Liben, L. S.(2008). A sex difference in mental rotation in young infants. *Psychological Science,* 19(11), 1067-1070を基に筆者作成

を使った課題を実施しました。[2] 子どもや大人の研究でも、2次元の画像を使うことはよくあります。この研究では、慣れの段階で0度から360度の範囲で7通りの回転角度で提示された数字の「1」を、赤ちゃんに最初に見せました。0度とは、数字の「1」がそのまま提示されるということであり、180度とはひっくり返ったまま提示されることです。7通り、すなわち0度、45度、90度、180度、225度、270度、315度の「1」を、赤ちゃんに提示しました。

その後に行ったテストでは、赤ちゃんに2つの画像を提示しました。1つは数字の「1」で、もう1つは数字の「1の鏡像」（反転させた画像）です。鏡像をどう回転させても「1」にはなりません。そして、ここが重要なのですが、両方の画像を新しい回転角度で出します。新しい回転角度とは、慣れの段階で提示した7通りに含まれていない角度のことで、ここでは135度です。慣れの段階では135度に回転された「1」を赤ちゃんは見ていないので、その意味では、数字の「1」を135度回転した画像も、数字の「1の鏡像」を135度回転した画像も、赤ちゃんにとっては新しいものです。

ただ、数字の「1」は回転させれば慣れの段階で見たものと同じであり、数字の「1の鏡像」は慣れの段階では全く見たことのない画像なので、鏡像のほうが赤ちゃんにとって新しいということになります。

「1」と「1の鏡像」は赤ちゃんに同時に見せられたので、もし赤ちゃんに心的回転能力があれば、「1の鏡像」を好んで見つめるはずです。なぜなら、赤ちゃんは新しいものを好んで見る傾向があり、「1の鏡像」は一度も見ていないからです。

この実験の結果、性差が見られました。男児は「1の鏡像」をより長く見つめる傾向があったのに対して、女児は「1」も「1の鏡像」も同じくらい長く見つめたのです。この結果は、生後3～4か月の時点で、心的回転能力に性差がある可能性を示しています。

赤ちゃん研究は信頼できるか？

生後3～4か月の赤ちゃんに心的回転能力があり、さらにそこに性差があるという研究は衝撃的です。筆者にとってもこのような研究は印象的で、先に述べたようにブログに最初に取り上げたくらいです。ただ、第1章で紹介したように、衝撃的な研究ほど、その結果には慎重になる必要があります。この研究も、生後3～4か月の赤ちゃんの女児12人と男児12人と非常に少ない人数を対象にしており、この研究結果を信頼してよいかどうか悩ましいところです。実際、第1章で触れた脳梁の研究と同様に、同じような研究をしたものの類似した結果が出ないという報告もありました。

また、赤ちゃん研究自体、研究結果が信頼できるかという疑念が持たれることが多いのです。生後半年前後の赤ちゃんは、そもそも長い時間実験に集中してくれるわけではありません。お腹がすいたり、オムツが濡れたりして泣いてしまうことも少なくないですし、実験室という慣れない環境でストレスを感じることもあるでしょう。2010年代以降、有名な赤ちゃん研究が疑問視される傾向もあり、心的回転能力の研究結果も信頼できるかという点はしっかりと考える必要がありそうです。

最近、この点に関するメタ分析が報告されました。[3] この分析には、3か月から16か月の1

705人の赤ちゃんのデータが含まれています。研究によって若干方法は違いますが、女児と男児の心的回転の能力、特に、テストにおいて、慣れの段階で見た画像とは異なる画像を長く見るかという点が検討されています。

まず、赤ちゃん全体では、慣れの段階で見たのとは異なる画像を長く見る傾向があることが示されました。つまり、1歳以下の乳児には、心的回転の能力があるということです。赤ちゃんの心的回転の能力の研究結果は信頼してよさそうです。

次に、肝心の性差についても、あると結論付けられています。具体的には、男児のほうが女児よりもわずかながら心的回転の能力が高いということが言えそうです。生後のかなり早い時点から、若干の性差があることが示されました。この傾向は、3か月から16か月の間ではそれほど変化はありません。つまり、生後3か月時点から見られる若干の性差は、1歳をすぎるくらいまで、特に広がることもなく、安定しているということが言えます。

この分析では、実験方法による効果なども報告されていますし、若干の出版バイアスがある可能性は否定できないので、その点は留意したいところです（この場合の出版バイアスとは、「性差がある」という研究のほうが、「性差がない」という研究よりも、論文として出版されやすい傾向のことを言います）。

これらのことを考慮しても、赤ちゃんの心的回転能力に若干の性差があると結論付けられそうです。こんなに早い時期に性差が見られるというのは、非常に驚きです。では、早ければ生後3か月で性差があるという研究結果から、「生まれつき」赤ちゃんの心的回転の能力に性差があると言えるでしょうか。

なぜ赤ちゃんの能力に性差があるのか

この点に関しては、まだわかっていないというのが正直なところです。ここではいくつかの可能性について見ていきましょう。1つの立場は、生後3か月の赤ちゃんに性差があるとしても、「生まれつき」とまでは結論できないというものです。

赤ちゃん研究全般に言えることですが、生後数か月間の赤ちゃんが様々な能力、たとえば、計算能力や物理的な知識などを持っているという事実から、赤ちゃんが生まれつき様々な能力を持っていると結論付けられることがあります。しかし、この結論はしばしば、特に赤ちゃん研究を専門としていない研究者から批判されます。

確かに、生後3か月で心的回転能力に性差があったとしても、生まれつき性差があるとは言えないでしょう。生まれてから3か月間の経験や環境の影響や、生まれる前の母体内での経験や環境の影響を受けた可能性は否定できません。

ただ、生まれつき性差があるのではないかということを示唆する研究がないわけではありません。たとえば、双子研究から、空間認知や心的回転能力には遺伝的要因が重要であることが示されています。双子研究では、一卵性の双子と二卵性の双子にそれぞれ空間認知や心的回転能力にかかわる課題をやってもらいます。一卵性の双子のほうが、二卵性の双子よりも、遺伝的に類似しているため、一卵性の双子の課題成績が二卵性の双子の課題成績よりも似ていたら、遺伝的要因が大事だとみなせます。

このような研究のメタ分析の結果、空間認知の課題成績には一定程度の遺伝的要因の重要性が示されています。[4] もっとも、あらゆる心理学の研究では遺伝的要因が一定程度重要であることは示されており、空間認知で特段高いわけではありません。また、ここでの遺伝的要因が大事であることは、心的回転能力の性差が生まれつきであるという主張と直接結びつくわけではありません。

これ以外にも、性ホルモンの影響を示す研究があります。特に、性差の分野で注目されるのがいわゆる男性ホルモンです。生まれる前に、母体内で男児が精巣を発達させると、男性ホルモンのシャワーを浴びることが知られています。このシャワーを浴びることで、脳の発達に性差が生じる可能性があります。

主なものがテストステロンです。人間以外の動物を対象にした研究では、母体内でのテストステロンレベルが出生後の行動に影響することが知られています。

人間ではどうでしょうか。人間の赤ちゃんを対象に、テストステロン濃度と心的回転能力の関係を調べた研究があります。この研究では、まず、61人の赤ちゃんを対象に生後1～2か月時点で唾液からテストステロンの濃度を調べて、その後生後5～6か月の時期に心的回転の能力を調べました。その結果、まず、女児よりも男児のほうがテストステロン濃度が高いことが示されました。また、先述の結果と一致して、心的回転能力も男児のほうが高いことが示されました。

この研究ではさらに、テストステロンの濃度と心的回転能力の高さの関係も分析しています。その結果、男児においてのみ、テストステロン濃度が高いと心的回転能力が高いことが示されたのです。女児ではこのような傾向はありませんでした。テストステロンの濃度によって心的回転能力が影響を受けるということは、生まれつきというよりは、胎内環境の影響ということにはなりますが、興味深い研究結果と言えます[5]。

幼児期以降の研究

赤ちゃんの心的回転能力に性差があること、ただし、その違いはわずかなものであることを説明してきました。このわずかな性差が、大人で見られるようなそれなりの性差に、いつごろから広がっていくのでしょうか。

乳児期以降の研究は、主に3歳以降の研究になります。1・5歳から3歳の子どもを対象にした研究は1個しか報告されていません。この年齢の子どもを対象として心理学の研究を行うのは非常に難しいためです。失礼な話ですが、「魔の2歳児」という呼び名があるくらい、研究が成立しにくい年ごろです。

3歳以降の研究では、3歳から17歳までの3万6１３人の子どもを対象にしたメタ分析が報告されています。[6] 3歳以降の子どもでは、大人と全く一緒ではないものの、似たような課題を用いることができます。実はこの点はとても重要です。赤ちゃん研究と大人の研究では実験方法が違うので、直接的な比較ができません。赤ちゃんで心的回転能力の性差が小さいのは、大人と実験方法が違うからという可能性もあるのです。その意味で、3歳以降の研究は大人の研究と直接的に比較することができます。

分析の結果、まず、3歳から17歳の子ども・青年を対象にした研究でも、心的回転能力に性差が見られることが示されています。そして、重要なこととして、その性差は、小学校に入るまではそれほど大きくないのに対して、中高生になるくらいまでに拡大し続けるということです。その差は、ある統計値だと2～3倍にも広がるようです。研究によって、用いられる課題や心的回転をする対象は異なるのですが、そうしたものを考慮しても、この年齢による変化は、しっかりと認められます。つまり、年齢によって性差が拡大すると結論付けて差し支えないということです。

就学前に見られる小さな性差が就学とともに拡大していくことを考えると、就学前後に何か性差を生み出す要因がありそうです。

まず伝統的に重視されてきたのは、男児のほうが空間にかかわる活動を好むということです。たとえば、パズル遊びは、女児も男児も同程度するものの、男児が得意であり、その結果として後の心的回転能力が高いという研究結果があります。また、アクションゲームなどのゲームは空間認知能力を高めますが、こういうゲームも男児のほうが好みます。確かに、筆者も初期のファミコンやスーパーファミコンで「グラディウス」や「ストリートファイターⅡ」などのアクションゲームを、下手ながらも好んでいた覚えがあります。これ以外にも、サッカーや野球などの空間認知が必須となるスポーツも、どちらかというと男児のほうが好むように思います。

就学前後で性差が拡大するもう1つの理由は、ジェンダーステレオタイプです。第2章で触れたランドセル選びを含め、就学前後は自分の性別を意識するイベントが増加し、子ども自身がジェンダーステレオタイプを持つようになります。その結果として、女児が「女の子だから」というだけで空間認知に対して苦手意識を持つようになり、女児の空間認知の成績を低下させる可能性があると考えられています。逆に、男児のほうは、得意だと考えるようになり、空間認知を発達させやすくなるのかもしれません。このようなステレオタイプの影響は年齢とともに蓄積し、女児が空間活動からより遠ざかり、性差が拡大する要因となるのです。[7] この点は改めて第8章で触れたいと思います。

親の声かけの性差

就学前後で心的回転能力に見られる性差が拡大する理由の3つ目は、親の声かけです。これはあまりピンとこないかもしれませんが、とても重要であり、無意識にやってしまっていることなのです。

あなたが子どもと一緒にパズルで遊んでいる様子を想像してください。子どものパズルはピースごとに形がはっきりと違う場合も少なくありません。子どもがあるピースを持っているときに、あなたはどう声をかけるでしょうか。

たとえば、「そのピースは丸い形をしているよね」「そのピースはこっちのピースより大きいね」「そのピースのここの部分はちょっと曲がっているから、こっちのピースとお友達かもしれないね」「そのピースは、少しまわしてみたらいいんじゃない？」などと言っているかもしれません。

もしくは、子どもがレゴや積み木をやっているときに、どういう声をかけているでしょうか。「そのブロックはこのブロックのこの部分とくっつくんじゃない？」「お家をつくるには、そのブロックの上にこのブロックをくっつけて、その横に……」などと声をかけることもあるでしょう。

あまり意識することはありませんが、私たちが普段使っている言葉には空間に関するものが多数含まれています。形、大きさ、曲線、回転、組み合わせ、立体などは、すべて空間に関する言葉です。そして、このような空間に関する親の言葉がけは、心的回転能力の発達と密接に関連するようです。

空間に関する言葉には、子どもが発する言葉にも、親の発する言葉にも、性差があります。

ある研究では、１歳から３歳までの子どもを追跡し、子どもの空間に関する言葉と親の空間に関する言葉がけの関係を調べました[8]。

この研究で調べたのは、形、大きさ、形の特徴などの空間に関する言葉です。このような言葉を、子どもや親がどの程度発して、どのような発達を遂げるかを調べたのです。

この結果は非常に興味深いものとなっています。まず、子どもについては、２歳ごろまでには、空間に関する言葉の数や種類にも、空間以外も含めた全体の言葉の数や種類にも性差はありませんでした。言葉の発達は女児が早いという一般的な思い込みがありますが、第４章で見るように、これはあったとしても非常に小さなものです。

ところが、同じ時期に、親の発する空間の言葉には性差がありました。親は、女児よりも、男児に対して、空間の言葉を多く使うのです。空間以外の言葉には性差がないので、親が男児に対して単純に多く話しかけるというわけではなく、空間に関する言葉を投げかけているということです。これは、男児が空間を好むという親の思い込みが影響しているのかもしれません。

そして、３歳ごろになると、子どもが使う空間に関する言葉に性差が出てきます。男児のほうが、女児よりも、空間に関する言葉を使うのです。この性差には、２歳ごろまでの親の使う空間に関する言葉が影響を与えていることが、分析によって示されています。

つまり、最初は子どもの空間に関する言葉には性差がないものの、親の発する空間に関する言葉には性差があるため、年齢を経るごとに子どもの空間に関する言葉にも性差が出てきてしまうのです。重要なのは、親の言葉がけによって心的回転能力の性差がつくられている可能性がある、ということなのです。

本章のまとめ

本章の最後に、心的回転能力の性差が出てくるプロセスをまとめます。

生後3か月時点でも心的回転能力の性差があることから、かなり早い時点で心的回転能力の性差が認められることは間違いありません。しかしながら、それは非常にわずかな差です。ところが、子ども自身の活動やジェンダーステレオタイプ、そして、親の言葉がけなどによって、この小さな性差が拡大していってしまいます。しかし、親は自分の言葉がけが子どもの性別によって違うことに、なかなか気づくことができません。

その結果として、就学前後になってくると、男児は空間に関する活動を好み、空間認知を得意にする場合が見られるのに対して、女児の中には、空間に関する活動に苦手意識を持つ子どもが出てきます。それが心的回転能力のそれなりの性差になってきて、より空間に関する活動や算数・数学の苦手意識になってくるのです。

まとめると、心的回転能力については、生まれつき備わっているかどうかはわからないものの、生まれてすぐに見られる少しの性差が、環境や経験によって増幅されるということになります。

文献

1 Ganley, C. M., Vasilyeva, M., & Dulaney, A. (2014). Spatial ability mediates the gender difference in middle school students' science performance. *Child Development, 85* (4), 1419-1432.

2 Quinn, P. C., & Liben, L. S. (2008). A sex difference in mental rotation in young infants. *Psychological Science, 19* (11), 1067-1070.

3 Enge, A., Kapoor, S., Kieslinger, A. S., & Skeide, M. A. (2023). A meta-analysis of mental rotation in the first years of life. *Developmental Science, 26* (6), e13381.

4 King, M. J., Katz, D. P., Thompson, L. A., & Macnamara, B. N. (2019). Genetic and environmental influences on spatial reasoning: A meta-analysis of twin studies. *Intelligence, 73*, 65-77.

5 Constantinescu, M., Moore, D. S., Johnson, S. P., & Hines, M. (2018). Early contributions to infants' mental rotation abilities. *Developmental Science, 21* (4), e12613.

6 Lauer, J. E., Yhang, E., & Lourenco, S. F. (2019). The development of gender differences in spatial

reasoning: A meta-analytic review. *Psychological Bulletin, 145* (6), 537-565.
7 Neuburger, S., Ruthsatz, V., Jansen, P., & Quaiser-Pohl, C. (2015). Can girls think spatially? Influence of implicit gender stereotype activation and rotational axis on fourth graders' mental-rotation performance. *Learning and Individual Differences, 37,* 169-175.
8 Pruden, S. M., & Levine, S. C. (2017). Parents' spatial language mediates a sex difference in preschoolers' spatial-language use. *Psychological Science, 28* (11), 1583-1596.

第4章

言葉の性差

第3章では、心的回転能力を中心に、空間認知の性差について見てきました。空間認知は男児のほうが得意であり、比較的大きな性差が見られることを紹介してきました。第4章では、今度は女児のほうが得意であるとされる言語能力の発達とその性差について見ていきます。

言葉は、子どもの成長の中でも特別です。赤ちゃんは言葉を話せる前から愛らしい存在ですが、単語を発するようになると一層愛おしさが増します。つたない言葉で何かを伝えようと一生懸命な姿に温かな気持ちになり、ついつい笑顔になってしまいます。

筆者も自分の子どもがしゃべり始めるのを楽しみにしていましたし、一度話し始めると会話をするのが楽しくてたまりませんでした。次から次へと出てくる言葉に、一体どこで覚えたのだろうと不思議に思いつつ、子どもとのおしゃべりが子育ての楽しみの1つになっていました。

これだけ関心の高い言葉の発達は、当然のことながら、個人差にも注目が集まります。同じ月に生まれた知人の子どもが話し始めたと聞いては焦り、必死に話しかけたり、絵本を読み聞かせたりすることもあるでしょう。

その時に、自分の子どもが男の子で、知人の子どもが女の子と聞いて、「あそこは女の子だから」とホッとする人もいるでしょう。しかし果たして、このような発言は正しいのでしょうか。科学的な証拠を見ながら考えてみましょう。

赤ちゃんの言葉とその性差

言葉の発達については、大きく、言葉の理解と発話の発達に分けられます。言葉の理解とは、他人が発する単語や文の内容を理解できるかどうかであり、発話は子ども自身が言葉をどのように発するようになるのか、という発達過程です。言葉の理解と発話は密接に関係しますが、性差については発話が取り上げられるケースが多いように思います。女の子のほうが早くしゃべるようになるとか、複雑な文をしゃべるとかです。そのため、ここでは発話の発達を中心に紹介しましょう。

生まれたばかりの赤ちゃんはしゃべることはできませんが、泣き声などによって発声します。これが数か月間続いた後、生後半年ごろまでに、クーイングや喃語《なんご》などの言葉に近い形の発声が見られるようになります。クーイングは、「う」「あ」などの母音を中心とした音を出す発声で、発話の最初の段階にあたります。喃語は、クーイングより後に出てくるもので、子音と母音を組み合わせた「ばぶ」のような無意味な綴り言葉を発するようになります。いずれも言葉と直接関係しているかはわからない部分もありますが、言葉の基礎となる発音運動と考えられます。

これらの初期の発声には、性差があるという研究もあればないという研究もあり、一貫していません。しかし、言葉の発達と関連すると考えられる指さし行動には若干の性差がある可能性が報告されています。指さしとは、乳児が自分の興味がある物体や人間を指でさす行為です。言葉を話すことができない赤ちゃんが他人に何かを伝えたいときに発動することから、コミュニケーション行動だと考えられています。

たとえば、私たち大人も、お寿司を口にほおばってしゃべれないときに、醤油を指さすことで「醤油を取って」という意図を伝えることがあるでしょう。赤ちゃんも同じように、おもちゃを取ってほしいとき、おやつがほしいときなどに、指をさして気持ちを伝えることができます。

よりコミュニケーション意図が強いのは、たとえば、犬を見たときに親の顔を見ながらする指さしです。この場合、「犬を取って」という意味ではないですよね。赤ちゃんが伝えたいのは、「あそこに犬がいるよ、見てみて!」ということです。親に伝えたい、あの犬を見たことを共有したいというコミュニケーションの意図があるのです。

これらの指さしは生後９か月ごろから見られるようになります。それほど研究が多いわけではありませんが、女児のほうが男児よりも若干ながら指さしの発達が早いことが報告されています。[1]

指さし以外でも、女児は、他人とのコミュニケーション行動である、他者とのアイコンタクトや、他者に何かを伝えるためのジェスチャーの使用、また、他人のジェスチャーの真似など、多くのコミュニケーション行動の成績が良いという報告があります。何かを伝えたい、共有したいという気持ちに性差があるのかもしれません。

人間の子どもは、平均して生後10〜12か月ごろに初語が現れます。初語の種類も、世界中である程度共通していて、２００８年のある研究では、アメリカ、中国、香港で、共通して「ママ」「パパ」が上位に来ています。ちなみに同時期のＮＴＴコミュニケーション科学基礎研究所の研究によれば、日本では「まんま」（ごはん）だそうです。日本の赤ちゃんが食いしん坊なのか、「ママ」と「まんま」が似ているからなのかわかりませんが、興味深い結果です。

この初語を発する時期には性差があり、女児のほうが初語を発した時期が１か月程度早いという報告がなされています。言葉がなかなか出ないと親は心配になりますが、この意味では男児のほうが心配は多いかもしれません。

1歳半から2歳ごろになると語彙《ごい》爆発という時期に入ります。お子さんをお持ちの方は納得がいくことかもしれませんが、1歳になってようやくぽつぽつと単語を発し始めたと思ったら、1歳半ごろから急にたくさんの言葉を話し始めるようになるのです。急激な変化を見て、わが子は天才かと思われる方もいるでしょう。

この時期に急に色々な言葉を覚える理由については、ものに名前があることに気づくとか、他者がものの名前を教えてくることに感受性を持つとか、諸説あります。いずれにしてもこの時期に、子どもの語彙は名詞を中心に急激に増加します。

赤ちゃんの言葉の性差をどうとらえるか

このような研究を眺めてみると、赤ちゃんの言葉の発達には性差があり、女児が圧倒的に早いという気がしてくると思います。確かに、ここで紹介したように、女児のほうが言葉の発達が早いという研究結果は、男児の発達が早いという研究結果よりもずいぶんよく目にします。ですが、これらの研究は少数の子どもを対象にした研究が多いというのも事実であり、その点を割り引いて考えたほうがよさそうです。

より大規模な研究からは、性差があるのは確かであるものの、その差は非常に小さいことが繰り返し指摘されています。0～2歳の英語圏の赤ちゃん1803人を対象とした研究において、指さしのようなコミュニケーションの意図を持った行動、言葉の理解、発話のいずれにおいても、女児のほうが男児よりも多いことが示されています。ただし、その差は小さく、言語能力の個人差の1％程度という推計もあります。[2] 同様の報告はより大規模な研究でもなされています。

より最近の、2か月から48か月の子ども1001人の2500日分の日常の発話を記録した研究では、言語発達には性差がないことが報告されています。[3]

このような結果をどのように受け止めるかは、難しいところです。確かに、ある研究のある側面では、赤ちゃんの言葉には性差があるようにも見えます。ある人は、こういう結果を見て、「なんだかんだ言って、性差はあるってことでしょ」と受け止めるでしょう。ですが、別の側面から見ると、女児の言葉の発達が圧倒的に早いわけではなく、その性差はせいぜい個人差の1％なのです。ある人から見れば「1％の差ってことは、つまりほとんど性差はないんでしょ」と受け止めるでしょう。

つまり、同じようなデータを見ても、人によって受け止め方が異なってくるわけです。この違いがお互いの話を通じにくくし、性差の問題を難しくする要因になっているように思えます。これは、一般の人だけではなく、研究者においてもそうです。

言葉の数と言葉の種類

ここまで、赤ちゃんの言葉の発達の量の性差について見てきました。発話の量の性差は、個人差のせいぜい１％程度しか説明できません。これを機械学習の視点から考えてみましょう。機械学習とは、人工知能（ＡＩ）の一分野で、コンピューターにデータを学習させ、そのデータから規則性を見つけ出す技術のことです。

わかりやすい例ですと、たくさんの猫や犬の画像データを与えると、コンピューターは猫と犬の違いを学習します。たとえば、アメリカンショートヘアーの画像と三毛猫の画像を猫として、ミニチュアダックスフントとチワワの画像を犬として学習したとします。そのあとに、学習したものとは異なる新しい画像、たとえば、スコティッシュフォールドやパグの画像を見せたときに、その画像が猫なのか犬なのかを判断できるかを調べます。新しいスコティッシュフォールドやパグを正しく、猫や犬と判別できれば、機械学習としては成功です。

この機械学習の手法を、言葉の性差の研究に応用してみましょう。ここまで見てきたように、女児と男児の語彙数を大量に集めて、コンピューターにそれらのデータを学習させます。女児Ａの語彙数が１００、女児Ｂの語彙数が90、女児Ｃの語彙数が……というようにデータを与え、同様に男児Ａ、Ｂ、Ｃの語彙数を学習させます。そのあとに、これまでのデータに含まれていない女児Ｚと男児Ｗの語彙数をコンピューターに与えます。たとえば、性別が伏せられた語彙数１０５と１０６のデータを与えたとしましょう。１０５という語彙数が女児Ｚで、１０６という語彙数が男児Ｗだった場合、コンピューターは正しく答えられるでしょうか。言い換えると、女児か男児か見た目からはわからない子どもがいたときに、語彙数からその子どもが女児であるか男児であるかを当てられるかということです。

このような研究をしてみると、語彙数から性差を推定するのは非常に難しいことがわかりました。その正答率は50％程度です。50％というのは、ランダムに、女児、男児と答えて得られる数字と変わりません。つまり、語彙数から性差を推定するのは、ランダムに答えるのとほぼ変わらないくらい正解率が低いのです。

このように、語彙数や発話量から子どもの性別を判断することは難しいことが示されています。では、言葉の発達について、女児と男児で明確に違うものはないのでしょうか。最近、この点について非常に面白い研究が報告されています。[4]

26の言語圏で、12か月から36か月の乳幼児3万9553人を対象にした研究です。26の言語圏には、英語圏やデンマークなどの欧米圏に加えて、韓国や中国などの東アジアの国、アフリカの国々が含まれています。残念ながら日本は含まれていません。

この研究は語彙数と語彙の種類の両方に注目しました。語彙数は、先ほど紹介したように、女児と男児の語彙数のことです。語彙の種類とは、発する言葉の内容です。

たとえば、筆者の子どもは、これくらいの時期だと、「とまと」「おはな」「ぞう」などの言葉を発していました。語彙の種類でいうと、「とまと」は野菜、「おはな」は体の部位、「ぞう」は動物もしくはぬいぐるみと仮に分類することができます。このような語彙の種類に性差があるかどうかを調べたのです。

そうすると、語彙数には性差が見られないものの、語彙の種類には明確な性差が見られたのです。女児は、たとえば、「ドレス」「セーター」「にんぎょう」「ぱんつ」「かた」などの、洋服や体の部位に関する言葉が多いことが示されました。一方、男児は、「トラック」「ダンプカー」「しょうぼうし」「しばかりき」などの、乗り物やアウトドアの活動が多かったのです。ちなみに、女児も男児も、性器の名前もよく出てきていたようです。

先ほどと同じように、語彙の種類をデータとして用いて子どもの性別を当てることができるかを検討すると、７割強の正答率でした。語彙数で性別を当てようすると5割程度だったのとは対照的です。また、26のうち22の言語圏において、偶然以上に子どもの性別を当てることができました。不思議なことに、欧米圏の中では、イタリアでは偶然と同じレベルでしか性別を当てられなかったようです。

また、アフリカの２つの言語では、他の言語と比べて子どもの数が少なかったということもあるのですが、言葉の種類から性別を当てることはできませんでした。この結果は、第2章で紹介した色の好みの結果と似ています。語彙の種類の性差は文化普遍的なものというよりは、欧米を中心とした先進国における、環境や生まれてからの経験、ジェンダーステレオタイプの影響などにもよるかもしれません。

この考えと一致して、言葉の種類で性別を当てるのは、子どもが24か月程度になってからのようです。それより年少の子どもの場合、言葉の種類から性別を当てることはできませんでした。言葉を話し始めて、語彙爆発を経て、様々な環境の影響を受けてから、言葉の種類が女児と男児で異なってくるということのようです。

子どもの流暢性の性差

ここまで、赤ちゃんや小さな子どもを対象にした研究を見てきました。その結果として、言葉の発達に小さな性差があることが明らかになりました。ただ、ここで見られたような性差は年齢が上がるにつれて徐々に小さくなり、小学生くらいになるとほとんど差がなくなるのです。

だからといって、言葉の性差が全くなくなるわけではありません。成人を対象にした性差の研究では、音韻の流暢性に性差があることを第1章で紹介しました。音韻の流暢性は、同じ音のつく単語をできるだけ多く思いつく能力のことでした。このような性差はいつごろから見られるのでしょうか。

第1章で紹介したメタ分析では、実は年齢の効果も調べられています。12歳以下の子ども、13〜18歳の青年、19〜44歳の大人、45〜64歳の中年、65歳以上の高齢者に分類し、音韻の流暢性、意味の流暢性のデータを分析しました。

その結果として、音韻の流暢性は、どの年齢でも性差がありました。一番下の年齢が2歳だったことから、2〜60歳を過ぎるまでに、音韻の流暢性の性差が見られるようです。ここまで見てきたような言葉の性差が見られる時期から、音韻の流暢性の性差がすでに見られるということになります。ただたどしいながらも、流暢性に違いがあるのです。

年齢別のグループに分けた場合、グループによって性差の大きさはそれほど変わっていませんが、パターンとしては、子どもでは性差が小さく、大人では比較的大きく、高齢者においてまた小さくなっています。つまり、基本的には、音韻の流暢性の性差は、大人になるまでは大きくなっていくということのようです。

第1章でも述べたように、大人でも言葉の性差はそれほど大きくありません。子どもの場合はそれよりも小さいのですから、子どもの言葉の性差はかなり小さいと言っても差し支えないでしょう。

言葉の別の側面として、国語、特に読解や書き取りなどにおいても性差が見られるようですが、それは数学の成績とともに第6章の「学力の性差」で触れたいと思います。

性差を説明する要因

このように、子どもの言葉には、小さいながらも性差があります。その要因として、ここで再び、性ホルモンの影響が指摘されています。第3章の空間認知ではテストステロンなどの男性ホルモンの影響を紹介しましたが、こちらはテストステロンに加えて、いわゆる女性ホルモンの影響も指摘されています。

まず、生後間もないころのテストステロン濃度が高いと、コミュニケーション能力の発達や言語発達が遅いという報告がなされています。たとえば、テストステロン濃度が高いと、言葉の発達が遅れる可能性が報告されています。[5] 一方で、女性ホルモンの濃度は、それらの発達を促進する可能性が指摘されています。

他の要因としては、遺伝子の影響も指摘されています。言語に関係してFOXP2という有名な遺伝子があります。この遺伝子は、発話や言語に障害がある家系から発見されたもので、当初はこの遺伝子の人間特有の変異が、人間の言語の進化に貢献したという考えがありました。現在では、この遺伝子以外にも様々な遺伝子がかかわっている可能性が報告されており、この遺伝子のみが重要だというわけではないのですが、言語の進化や発達と何らかの形で関連していると考えられています。

そして、幼児を対象にした研究では、脳の左半球におけるFOXP2タンパク質の量が男児より女児で多いことが報告されています。[6] 脳の左半球は、多くの人で言語にかかわる脳機能があるため、この性差が言葉の性差にかかわる可能性があります。ただ、この研究は非常に規模が小さく、また、タンパク質の性差が言葉の性差にどのようにかかわるかはよくわかっていません。

こうした性ホルモンや遺伝子に関する生物学的な研究結果を、「女性脳」「男性脳」をタイトルに掲げた疑似科学本が、科学を装うためにしばしば利用しています。繰り返しの指摘になりますが、このような研究は規模が小さかったり、結果が必ずしも再現されていなかったりするという問題があります。つまり、性ホルモンや遺伝子の性差がどのように行動の性差に結びつくかはよくわかっていないのです。

娘と息子、どちらに多く話しかける？

言葉の性差が生物学的な要因に影響を受けるにしても、現在わかっている範囲内ではその影響はそれほど大きくありません。それよりも、環境要因の影響のほうが大きいと考えられています。最も有力な環境要因は、親がどれだけ子どもに話しかけるか、ということです。親の話しかけが言葉の発達を促進することは繰り返し示されています。

女児と男児の両方を育てられている方は、振り返ってみてください。どちらに話しかける量が多いでしょうか。また、どういう話しかけをするでしょうか。子どもに命令するだけの親もいるでしょうし、ほめたり、子どもの意見に同意したりする親もいるでしょう。

この点に関して、面白い分析があります。[7] そもそも母親と父親のどちらのほうが子どもに話しかける回数が多いか、そして、娘と息子のどちらに多く話しかけるかについて調べたメタ分析です。一般的に、日本では子育ての負担は女性のほうが大きいですから、母親のほうが父親より多く子どもに話しかけそうな気がします。

この分析が発表されたのが1998年と古いため、現在とは少し違うことは念頭に置いたほうがいいですが、分析結果も、やはり父親よりも母親のほうが全般的に子どもに話しかける回数が多い傾向にあることを示しています。特に、ほめたり同意したりするような支援的な話しかけは母親で多いようです。ただ、子どもを責めたり、子どもの意見に反対したりするのも母親のほうが多かったようです。

そして、命令口調の話しかけは、父親のほうが母親より多かったようです。日本の職場の管理職は未だに男性が圧倒的に多いので、子どもに接するときも職場での上司気分が抜けきれないといったところでしょうか。

子どもの年齢の影響も調べられており、子どもが小さいときのほうが、母親と父親の差が大きい傾向にあります。赤ちゃんやまだ十分に話ができないときに、父親がどう話しかけたらいいかわからないという話はよく聞きます。これは普段から子育てにかかわっていないためでしょう。子どもが大きくなると、子どもからの発話が増えるため、母親と父親の差はあまり見られなくなります。

母親は娘に多く話しかける

母親のほうが父親よりも子どもに話しかけるという点を踏まえたうえで、その母親が娘と息子のどちらに話しかけやすいかについて見てみましょう。

この点について、母親は、息子よりも、娘に対して話しかけやすいことが明らかになっています。これだけを聞くと、女児は、洋服や趣味などで母親と話が合いやすいからではないかと思うかもしれません。この場合、赤ちゃんよりも、年長の子どもにおいてこそ、母親が女児に対して話しやすいという結果になるでしょう。

ですが、興味深いことに、母親が全般的に女児に話しかけやすいのは、１〜２歳ごろだということが示されているのです。まだ言葉を発しない赤ちゃんでもなく、幼児や小学生でもなく、１〜２歳ごろだというのがポイントです。ここまで見てきたように、１〜２歳ごろといえば、子どもが言葉を覚え、語彙爆発を経て非常によくしゃべるようになる時期です。そして、弱いながらも性差が出てくる時期でもあります。

つまり、1～2歳ごろになると、母親は女児に対してより多く話しかけるようになり、その結果として、わずかながら言葉の性差が生じてくるという可能性があるのです。

なぜ母親が娘に話しかける回数が多いのか、正確な理由はわかりません。一般に、親は娘に対して息子よりも言語的な交流や親密な関係を重視するとされており、そのせいかもしれませんし、母親が娘を自分と似た存在だと思って話しかけるのかもしれません。

いずれにせよ、親が子どもに話しかけるという経験や環境の要因によって、言葉の発達の性差がつくられる可能性があるのです。

本章のまとめ

一般的には性差があると思われがちな言葉の発達について、皆さんは思ったほど性差がないと思われたでしょうか。それとも、こういうものだと思ったでしょうか。

言葉の性差が難しいなと思うのは、わずかながらに差があるにしても、年齢とともにその差が小さくなっていくということです。よく「男の子が女の子に追いつく」という言われ方をしますが、言葉の発達に関して言えば、的外れではないということになります。ただ、その差は小さいので、単なる思い込みではなく本当の違いに気が付くのは、非常に難しいとは思います。

語彙数や発話数などの性差は年齢とともになくなる一方で、音韻の流暢性のような課題の成績では、大人になるまで性差は残り続けます。

いずれにしても、子どもで見られるわずかな言葉の性差の一部は、親の話しかけによってつくられる可能性があります。親は意図的に息子より娘にたくさん話しかけようと思ってそうしているわけではないでしょう。こうした無意識の大人の行動傾向が、子どもの性差をつくり出している点は留意したいところです。

文献

1 Eriksson, M., Marschik, P. B., Tulviste, T., Almgren, M., Pérez Pereira, M., Wehberg, S., ... & Gallego, C. (2012). Differences between girls and boys in emerging language skills: Evidence from 10 language communities. *British Journal of Developmental Psychology, 30* (2), 326-343.

2 Fenson, L., Dale, P. S., Reznick, J. S., Bates, E., Thal, D. J., Pethick, S. J., ... & Stiles, J. (1994). Variability in early communicative development. *Monographs of the Society for Research in Child Development, 59* (5), i-185.

3 Bergelson, E., Soderstrom, M., Schwarz, I. C., Rowland, C. F., Ramírez-Esparza, N., R. Hamrick, L., ... & Cristia, A. (2023). Everyday language input and production in 1,001 children from six continents.

Proceedings of the National Academy of Sciences, 120 (52), e2300671120.

4 Wallentin, M., & Trecca, F. (2023). Cross-cultural sex/gender differences in produced word content before the age of 3 years. *Psychological Science, 34* (4), 411-423.

5 Kung, K. T., Browne, W. V., Constantinescu, M., Noorderhaven, R. M., & Hines, M. (2016). Early postnatal testosterone predicts sex-related differences in early expressive vocabulary. *Psychoneuroendocrinology, 68*, 111-116.

6 Bowers, J. M., Perez-Pouchoulen, M., Edwards, N. S., & McCarthy, M. M. (2013). Foxp2 mediates sex differences in ultrasonic vocalization by rat pups and directs order of maternal retrieval. *Journal of Neuroscience, 33* (8), 3276-3283.

7 Leaper, C., Anderson, K. J., & Sanders, P. (1998). Moderators of gender effects on parents' talk to their children: A meta-analysis. *Developmental Psychology, 34* (1), 3-27.

第5章

攻撃性の性差

第4章では、言葉の発達の性差について見てきました。その結果として、わずかながら、女児のほうが男児よりも言葉の発達が早いことが示されました。第5章では、第3章や第4章であつかった能力から目を転じて、攻撃性について見ていきたいと思います。

セクシャルハラスメントや犯罪に関する報道を目にしたとき、筆者は自分が男性であることを恐ろしく思うときがあります。

もちろん、こういう言い方自体がジェンダーステレオタイプを助長する可能性があることは認識しています。セクシャルハラスメントや犯罪は、男性が加害者になるケースだけではありません。女性が加害者になることも当然あります。ただ、統計的には、大多数のセクシャルハラスメントや犯罪が、男性によって行われているという事実があります。そこで、攻撃性の入り口として、まず、犯罪について見ていきたいと思います。

犯罪の性差

今日も殺人、暴力事件、強盗、詐欺のニュースがテレビやインターネットで報道されています。殺人犯が捕まったと聞いて、女性のイメージが浮かぶでしょうか、それとも、男性のイメージが浮かぶでしょうか。

実際の事件であれ、小説やアニメなどの作品であれ、犯罪は男性によってなされることが多いような印象があります。特に、暴行や殺人などの攻撃性の高い犯罪において顕著なように思えます。

犯罪には様々な種類がありますが、一部の犯罪は明らかに攻撃的な性質を持っており、暴力的な行動や他人への害を直接的に含んでいます。たとえば、強盗や殺人といった犯罪は、攻撃性の顕著な例と言えます。

第１章で紹介したように、多くの犯罪は男性によってなされます。強盗や殺人、強制性交や強制わいせつはほとんど男性によってなされています。男性の場合、武器を使った犯罪が多いという報告もあります。

これは検挙された犯罪に限った話なので、検挙されていない犯罪も含めると多少の変動はあると思いますし、女性のほうが占める割合が多い犯罪もあるかもしれませんが、全般的に犯罪の多くは男性によってなされていることがわかります。

なぜ男性のほうが犯罪を犯しやすいかについては、攻撃性の高さだけではなく、生物学的な要因、社会的要因や環境的要因が総合的に影響してくるので、攻撃性の高さを示す１つの傍証に過ぎません。実際に攻撃性は男性において高いという証拠はあるでしょうか。

攻撃性とは

攻撃性は、そもそもどのように調べられるでしょうか。一番手っ取り早い方法は、攻撃性の高さに関して色々と質問紙形式で尋ねるものです。当人に聞く方法もあれば、知人に聞く方法もあります。子どもの調査では、親や幼稚園・保育園の先生、学校の先生に尋ねることが多いです。

質問紙は一番ポピュラーな方法ですが、自分であっても、親であっても、客観的に攻撃性の高さを評価できるかどうかわからないという問題点があります。そのため、実際の行動を調べる方法もあります。たとえば、研究者が遊びの場面などを観察して攻撃行動を評価するようなやり方です。

筆者が面白いと思う方法に、辛口のソースを使う実験があります。皆さんが、気に入らない相手に食事を提供することになったとします。メニューはカレーで、その辛さは自分で調整できること、相手があまり辛いものを得意としていないことを知っているとします。その場合に、辛めのカレーを提供するか、甘めのカレーを提供するかで、その人の攻撃性の高さを調べるという方法です。実際の研究では、相手に提供される食事に辛口のソースをどれだけかけるかで攻撃性を測定します。

このような方法で調べる攻撃性は、いくつかに分類されることが知られています。性差の文脈で出てくるのは、直接的攻撃性と間接的攻撃性です。前者は身体的攻撃と言語的攻撃のことを指します。身体的攻撃は手が出るような攻撃性のこと、言語的攻撃は主に悪口や非難のようなもののことです。間接的攻撃には関係性攻撃が含まれます。これは身体的な攻撃ではなく、社会的関係性を使った攻撃性で、無視や仲間外れのような方法で心理的にダメージを与える攻撃性です。

一般的なイメージとして、身体的な攻撃は男性、関係性攻撃は女性というイメージがあるでしょう。筆者自身は男性なので、まずもって男子が身体的な攻撃をしがちであることは否定できません。小学校でも中学校でも、自分も含めて殴り殴られ、という経験は一度や二度ではありませんでした。

一方、筆者には女性の攻撃性の実態がよくわかっていません。ただ、中学生のころ見た光景として、女子生徒は様々なグループをつくっていて、そのグループ間に若干の序列がありました。怖いなと思ったのは、あるグループに属していた女子生徒がそのグループから徐々に締め出されていき、気づいたときには別のグループに所属していたことです。元のグループの他のメンバーは特に気にすることもない様子を見て、寒気を覚えた記憶があります。

このようなケースは決して珍しいものではありませんが、一方で、同じような光景を男子グループの中で見たことも少なくないのです。女子も男子も仲間外れや無視をする光景に出くわすことはあります。これらの攻撃性に性差はあるのでしょうか。

攻撃性の性差

第1章で紹介した内容と重なりますが、攻撃性に関するメタ分析を紹介しましょう。[1] この分析は欧米に加えてアジアの国々も含んだ分析です。身体的攻撃、言語的攻撃、関係性攻撃の性差について検討しています。

まず、身体的攻撃については、やはり男性のほうが女性よりも多いことが示されています。そして、この性差は分析に含まれた13の国すべてで見られており、興味深いことに、アジアにおいて、北米やヨーロッパよりも、性差が大きいことが示されました。

言語的攻撃についても性差が見られました。こちらについても男性のほうが多いことが示されています。ただ、身体的な攻撃に比べてその性差は小さく、すべての国で見られるわけではありませんでした。また、身体的な攻撃に比べて、言語的攻撃は北米やヨーロッパの性差が大きいことが示されました。

そして、興味深いのが関係性攻撃の結果です。女性のほうが多いと思われている関係性攻撃ですが、実はほとんど性差がないか、あっても非常に限られた条件においてのみだということが示されました。これは意外です。

地域別に見ても、北米とアジアでは女性のほうがわずかに多いものの、ヨーロッパでは男性のほうが多いという傾向が示されており、これらの結果は地域によって異なるというよりは、性差がほとんどないと解釈をしたほうがよさそうです。

子どもの研究については後で触れますが、関係性攻撃の性差が見られるのは10代のようです。大人で性差が見られないのは、そもそも身体的な攻撃をすると犯罪となり捕まってしまうので、研究の範囲内では男性であれ、女性であれ、関係性攻撃をする傾向が強くなるという事情もありそうです。

なぜ男性は攻撃的なのか

少なくとも身体的な攻撃性に関しては、男性のほうが強いことが示されました。では、なぜ、男性のほうが攻撃的なのでしょうか。ここでは、２つの考えについて簡単に紹介しましょう。

1つは進化的な説明です。激しい繁殖競争、つまりは子孫を残すためのパートナーを獲得するためには、より強い攻撃性を持つ男性が有利だったため、男性の身体的攻撃性が進化してきたという考え方です。この考えに従えば、攻撃性の性差は人類に共通して見られる特徴であることも想定されます。こういう説明では、男性ホルモンと攻撃性に関係があるという指摘もなされますが、両者の関係を否定する研究もあります。

人間はともかく、人間以外の動物を見ると、この説明はうなずける部分もあるかもしれません。ボスのようなオスは身体も大きく、攻撃性があり、その力でグループを支配している動物もいるのです。一方で、人間にそのまま当てはまるかどうかというのは疑問があります。

もう1つは、歴史的な性役割に関する説明です。この説明では、女性は家庭内での仕事を担い、男性は外で働くという、性別による固定的な役割分担に着目します。もちろん、このような役割分担は恣意《しい》的なものであり、歴史や社会の産物であるという点がポイントです。性別による固定的な役割分担がある場合、外で働く男性では、何らかの目標を達成するような役割が期待され、家庭を担う女性では、他人を気遣ったり世話したりする役割が期待されます。少し前の日本のような状況です。といっても、今でも地域によっては似たような状況があるでしょう。

以上のような性別役割分業意識により、男性は、目標を達成する手段として攻撃的な行動が適切であることを学んでいくのではないかというのが、2つ目の説明です。攻撃性を持つことが、目標を達成するうえで必要になってくるということです。確かに、目標を邪魔する勢力に対抗するには攻撃性が必要な状況もあるでしょう。

さらに、男性の社会的地位が高いことが求められるような社会において、高い地位の獲得や維持には身体的、言語的、関係的な攻撃性が必要となるのかもしれません。結果として、男性の攻撃性が高くなるわけですが、社会がそのように方向づけているとも言えます。

進化的な説明では、男性の攻撃性の高さは生まれつきほぼ決まっていることを想定しており、「女性脳」「男性脳」を主張する人が好む説明です。一方、歴史的な説明は、社会や文化の役割を強調するものです。現在のところ、どちらが正しいというわけではなく、どちらもそれなりの説得力があるというところです。

子どもに目を向けると、たとえば遊びの性差が攻撃性の違いに影響を及ぼす可能性がありま す。それほど証拠が多いわけではないものの、女児は赤ちゃんのころから男児よりもヒトの顔を好む傾向があったり、人形を好んだりするなど社会的な傾向があるのに対して、男児は身体的な遊びを好んだり、乗り物を好んだりするため、こうした好みや遊びの傾向が攻撃性の違いにつながるのではないかと考えられています。

攻撃性の性差はいつ現れるか

子どもの攻撃行動は、早い時期から見られます。お子さんをお持ちの方は、運動能力の発達に伴い、お子さんからの攻撃がときにじゃれあいを超えているように感じることがあるかもしれません。子どもであっても、ごっこ遊びの中で敵に見立てた親を攻撃するとき、想像以上のダメージを与えることもあります。

このような行動の性差はいつごろから現れるのか、2つの分析を基に見てみましょう。1つ目は先述のメタ分析（メタ分析①[1]）、もう1つは幼児期から青年期を重点的にメタ分析（メタ分析②[2]）した研究です。

身体的攻撃、言語的攻撃、関係性攻撃を分析したメタ分析①には、年齢についての分析も含まれています。身体的攻撃に関しては、早い時期から性差が見られます。研究方法によって結果は異なるのですが、概ね6歳からは確実に性差が見られることが示されています。幼稚園・保育園の年長から小学生にかけて、男児のほうが女児よりも、攻撃性が高いということです。これは２つのメタ分析に共通しています。

メタ分析①によると、１～２歳ごろから性差が見られる可能性が示唆されています。これは言葉が発達しつつある時期なので、かなり早い時期です。

身体的攻撃の性差のピークは18歳から30歳ごろの時期であり、男性による暴力犯罪や同性間の殺人がこれらの年齢で最も高いことと一致しています。身体的攻撃の性差は、年齢とともに大きくなっていくのです。

メタ分析②では年齢の影響は出ていないのですが、２つの分析を合わせて考えると、身体的な攻撃性は男性において強く、20歳から30歳ごろまでにピークが見られるということになるでしょう。

言語的攻撃も、身体的攻撃ほど性差はありませんが、年齢的にはほぼ同じ時期に性差が見られるようになります。６歳ごろには性差が出てきて、こちらは10代にピークを迎えます。

一方、関係性攻撃は、先述のように、ほとんど性差がありません。わずかながら性差が見られるのが10代であり、女性の攻撃性が高いという結果です。９歳以下では結果が一貫しておらず、明確な傾向は認められません。関係性攻撃が10代以下で少ないのは、この攻撃をするためには複雑な社会性が必要であることと無縁ではないでしょう。グループをつくったり、グループ内で示し合わせて嫌がらせをしたり、相手にダメージを与える方法を考えたり、そういう能力が必要になります。

ちなみに、身体的攻撃をしやすい子どもは、関係性攻撃をしやすい傾向があるようです。結局のところ、攻撃性が高い子どもは、どのような形であれ他人を攻撃する傾向があるということです。

まとめてみると、比較的単純な身体的攻撃は生後早い時期から見られるようになり、男児に多く見られること、言語的攻撃や関係性攻撃は子どもの成長とともに見られるようになり、言語的攻撃は男児、関係性攻撃はほぼ性差はないものの、わずかながら女児で多いということが言えそうです。

言葉の発達と攻撃行動

ところで、皆さんはこんな話を聞いたことがありませんか？　男の子は言葉の発達がゆっくりなので、女の子に比べて自分の思いや考えをうまく伝えられない。そのことにいらだってしまって、結果的に手が出てしまったりする。

日常の家庭での一場面や保育の現場において、このようなことが語られるのは珍しくありません。伝えたいことがあるのにうまく言葉が出ずにかっとなってしまい、親や友達に身体的に攻撃をしてしまうというのです。

この話が興味深いのは、第４章の言葉の性差の話と、本章の攻撃性の性差の話が交わるためです。実際にはそれほど言葉の発達の性差は大きいわけではないので、この話は眉唾じゃないかなと筆者も個人的に思っていたのですが、両者の関係を示すような研究もあります。たとえば、言語発達と問題行動には双方向の関係があるという長期的な研究があります。[3]言葉はコミュニケーションに使うだけではなく、言葉を通して自分をコントロールするような機能もあるため、言葉の発達がゆっくりな子どもはうまく自分を抑えられずに攻撃行動に出やすい可能性があります。そして、言葉の発達がゆっくりな男児は、女児に比べて年齢とともに攻撃行動が目立つようになることも指摘されています。

このように、言葉の発達と攻撃行動はある程度関連していると言えそうです。言葉で気持ちを適切に表現できないストレスが、攻撃行動の一因となっている可能性があるのです。ただし、信頼できる研究がそれほど多くはないですし、そもそも言葉の発達の遅れが必ずしも攻撃性に直接つながるわけではありません。他の環境要因なども複雑に絡んでいると思われます。

子どもの攻撃性を促進する親

なぜ男児のほうが攻撃的なのか。先に、進化的な説明と歴史的な説明を紹介してきましたが、これはどちらかというと大人の男性がなぜ攻撃的であるかを説明するものでした。子どもの攻撃性になぜ性差が生まれるのかという点についても考えてみたいと思います。

この点に関しては、やはり親のかかわり方や育て方が大事になってきます。進化的な説明にしても、歴史的な説明にしても、究極的な説明であり、日常的な説明からはかけ離れているように思えます。もっと日常的な親のかかわり方が子どもの攻撃性に影響している可能性があります。

親のかかわり方と子どもの攻撃性について、オランダでなされている長期的な研究では、親のかかわり方や親のジェンダーについての考え方によって、子どもの攻撃性の性差が生まれる可能性を検討しています[4]。

親のかかわり方の中でも、子どもの攻撃性に影響するのは、言葉を使ってではなく、身体的に子どもを管理しようとする接し方です。たとえば、親が子どもを掴《つか》んだり、押したり、叩《たた》いたりなどのかかわり方をすると、子どもの攻撃性が高まると考えられています。これは、親が身体的に子どもを管理する様子から、子どもは身体的に他者を管理することを学ぶため、身体的な攻撃性が高まると考えられています。

実際に、親は男児に対して、より多く身体的管理をすることを示す証拠が報告されています。親が男児を身体的に管理し、その影響を受けて男児の攻撃性が高まるということです。ただ、皮肉なことに、親が身体的に管理をすることで子どもの攻撃性が高まると、そのために親はますます子どもを管理できなくなるということも示されています。悪循環というわけです。

さらに、親のジェンダーに対する考え方も大事だと考えられています。親のジェンダーについての考え方とは、親が性役割についての固定観念を持っているかどうかということです。先述の歴史的な説明と関連するのですが、たとえば、ある親は、女性は仕事で大きな達成をするよりも、家庭を大事にするべきだと考えているかもしれません。これは、性役割についての固定観念を持っているということになります。逆に、別の親は、女性であれ、男性であれ、仕事の達成も家庭での役割も、同じくらい大事だと考えるでしょう。これは、固定観念を比較的持っていないということになります。

オランダの研究では、この2つの要因、つまり、親のかかわり方とジェンダーに対する考え方の両方が、子どもの攻撃性に影響を与えることが示されています。具体的には、性役割に対する固定観念が強い父親は、女児よりも男児に身体的管理（押したり掴んだり）を行うことが示されています。また、母親は、固定観念にかかわらず、男児に対して身体的管理を行うようです。

さらに、父親に関しては、性役割に対する固定観念が強いと、女児よりも男児に身体的管理を行い、その結果として男児の1年後の攻撃性が高まることも示されています。つまり、「男の子は男の子らしく」のような固定観念を持つ父親は、男児に対して躾《しつけ》と称した身体的な管理を行いがちであり、その結果として、男児の攻撃性が高まりやすいということです。女児に対してはそのようなかかわり方をしないため、女児の攻撃性は高まりにくく、結果として攻撃性の性差が生まれるということになります。

このような研究成果から、発達心理学では、身体的な管理、特に体罰を子育ての手段としては絶対にするべきではないという提案がなされています。

難しいのは、このような提案がなかなか社会に届かないことです。筆者は様々な機会に親や教育者の方に話していますが、特に男性からは、「そうはいっても、一発がつんとしないと言うこと聞かないから」などと言われることがあります。私の話を全く聞いていなかったのだなと愕然《がくぜん》としてしまいます。

こういう方は、自分自身も父親に体罰を受けて育ったと語ることが多いような印象があります。自分も父親に叩かれて育って今の姿がある、だから自分も同じように育てるべきだという暴論です。

このような方々は他の様々な要因のおかげで成功されたのかもしれませんが、自分が攻撃性の高い人間になっていることに気づいてほしいですし、体罰を受けたことで将来の芽を摘まれた方がどれだけいるかを考えてほしいものです。科学的な証拠は、あらゆる意味において、体罰は全く肯定できないことを示しています。

自制心の性差

ここまで、攻撃性は男児のほうが高いことを見てきました。ここで１つ気を付けたいのは、攻撃性が高いことと、その攻撃性を実際に行動に移すことは別物だということです。

たとえば、ある子どもの攻撃性が高いとします。ですが、この子どもの自制心が高い場合、その攻撃性を抑え込むことができ、実際の攻撃行動をすることはないでしょう。逆に、攻撃性が高くない子どもでも、自分のことをコントロールできない場合、何かの拍子に他人を攻撃してしまうかもしれません。

　このように日常生活における攻撃行動を考えるうえで、自分をコントロールする力のことを考えるのは非常に重要です。そして、攻撃性の性差を考えるうえで、攻撃性そのものに性差があるのか、それとも、攻撃性は同じだけど、それを抑えるような自制心に性差があるのか、どちらなのでしょうか。

　自制心のことを、専門的には実行機能と呼んだりして、近年、「非認知能力」「社会情緒的能力」として世界中で注目されています。それは、主に欧米の研究から、子どものときの自制心の高さが、その子どもが大人になったときの経済状態や健康状態と関係することが知られているためです。[5]

　また、自制心は支援や教育によって育むことができる可能性があります。つまり、子どものときに自制心が低くても、適切な支援や教育によって高めることができると考えられています。一方、頭の良さを測る知能指数は、子どものときに高い場合には大人になっても高い傾向があることが知られており、支援や教育によって育むことが難しいのです。

　こうした自制心には性差があるのでしょうか。この点について、よく知られているメタ分析があります。[6] この研究では、子どもの生まれ持っての性格ともいわれる「気質」に関する有名な質問紙調査を分析しています。この質問紙調査の回答者は親や教師です。その中に自制心にかかわる項目があります。たとえば、指示に従うことができるかどうか、などです。この質問紙調査で測る性格的な特徴に、性差があることが報告されています。では、女児と男児、どちらの自制心が高いでしょうか。

筆者などは高校生になっても、教師の話を聞かず自分の興味を優先していましたし、指示に従ったりすることが苦手でした。結果として、よく皆の前で叱られていたものです。どちらかというと自制心は男児が低いかなと思ったりします。

実際、分析の結果からも、男児の自制心が低いことが示されています。気質に関する質問紙には様々な内容が含まれていますが、その中でも性差がかなり大きいほうであることが示されています。

ただ、この分析は親や教師が評価する質問紙に基づいており、親や教師がジェンダーに関するステレオタイプ、特に、男児は自制心が低いと最初から決めつけている可能性も否定はできません。

そこで、筆者らは、質問紙ではなく、実行機能の課題成績や脳活動に性差があるかを調べることにしました。実行機能の脳内基盤として、外側前頭前野が関連していることが知られているため、前頭前野の働きに注目したのです。[7]

1つ目の研究では90人、2つ目の研究では140人、合計230人の幼児を対象に実行機能の課題を実施し、その課題中の脳活動を計測しました。メタ分析と比べると小規模ですが、個人の研究としてはそれなりの規模です。

1つ目の研究では、課題の成績には性差がなかったのですが、脳活動には性差が見られ、女児のほうが男児よりも前頭前野の働きが強いことが示されました。女児の自制心が高い可能性が示唆されます。しかし、その性差は小さいものでした。

そこで、別の子どもたちを対象に、性差が見られるかを再度調査しました。2つ目の研究では、課題の成績には差があり、女児のほうが良い成績を得られたものの、脳活動には性差が見られないという結果になりました。

結果は一貫していませんが、2つの研究から言えることは、女児のほうがわずかながら自制心が高そうだということです。この点は質問紙研究の結果と一貫していますが、その差は質問紙研究より小さいということになります。

以上のことから、自制心にもわずかながら性差があり、女児のほうが高いこと、そのため、攻撃性そのものだけではなく、その攻撃性を行動に移す部分においても性差があるということが示されました。

本章のまとめ

本章では、攻撃性の性差について見てきました。結論として、男性の攻撃性が高いこと、幼児期くらいから攻撃性の性差が見られることを紹介してきました。

また、攻撃性の形態については、身体的攻撃や言語的攻撃に関しては男性や男児のほうが高いこと、関係性攻撃に関してはほとんど性差がないことも見てきました。

ただ、もちろん、これは全体的な傾向に過ぎないことはここで指摘をしておきたいと思います。個人レベルで見れば、攻撃性の高い女児もいれば、攻撃性の高い男性もいます。その点に関しては、これまで見てきた空間認知や言葉の発達と同様です。あくまで平均的な傾向として見たときに、男性の攻撃性が高いということが示されているということです。

そして、最後に指摘しておきたいのは、親のかかわり方やジェンダーに対する考え方が子どもの攻撃性の性差を促進していることです。攻撃性すら、親のかかわりがつくり出している可能性があるのです。

文献

1 Archer, J. (2004). Sex differences in aggression in real-world settings: A meta-analytic review. *Review of General Psychology, 8* (4), 291-322.

2 Card, N. A., Stucky, B. D., Sawalani, G. M., & Little, T. D. (2008). Direct and indirect aggression during childhood and adolescence: A meta-analytic review of gender differences, intercorrelations, and relations to maladjustment. *Child Development, 79* (5), 1185-1229.

3 Girard, L. C., Pingault, J. B., Falissard, B., Boivin, M., Dionne, G., & Tremblay, R. E. (2014). Physical aggression and language ability from 17 to 72 months: Cross-lagged effects in a population sample. *PloS One, 9* (11), e112185.

4 Endendijk, J. J., Groeneveld, M. G., van der Pol, L. D., van Berkel, S. R., Hallers-Haalboom, E. T., Bakermans-Kranenburg, M. J., & Mesman, J. (2017). Gender differences in child aggression: Relations with gender-differentiated parenting and parents' gender-role stereotypes. *Child Development, 88* (1), 299-316.

5 森口佑介（2019）『自分をコントロールする力　非認知スキルの心理学』 講談社現代新書

6 Else-Quest, N. M., Hyde, J. S., Goldsmith, H. H., & Van Hulle, C. A. (2006). Gender differences in temperament: A meta-analysis. *Psychological Bulletin, 132* (1), 33-72.

7 Shinohara, I., & Moriguchi, Y. (2021). Are there sex differences in the development of prefrontal function during early childhood?. *Developmental Psychobiology, 63* (4), 641-649.

第6章

学力の性差

第5章では日常的な行動である攻撃性の性差について紹介してきました。続く第6章では、同じく日常的なものである学力について考えていきたいと思います。標準的な学力テストに見られる性差は他の分野でも広く分析されているので簡単に紹介するにとどめて、ここでは、幼児期や児童期に見られる学力と関係する能力や行動、そして、それらの性差が親や教師のかかわりと関連していることを紹介します。

「発達順序の性差」の誤解

筆者の専門が発達心理学であること、そして、数年前に発表した子どものジェンダーステレオタイプに関する学術論文が広く報道されたことから、筆者のもとには様々なメディアからの子どもの心の性差に関する取材や問い合わせがあります。社会的な意義が非常に大きいので、できる限り正確な情報をお伝えしたいと考えているのですが、取材の中でトンデモ話を聞かされることがあります。

たとえば、２０１８年、大学の医学部入試で、女性受験生や浪人生が差別を受ける不正が発覚しました。広く報道されたことで、女子と男子で定員が異なることや合格ラインが異なることが問題視されるようになりました。

その一環で受けた取材で、「ある教育関係者が女性と男性では脳の発達が異なるから女性と男性で区別するのは仕方がないというコメントをしているが、この点を専門的にどう考えるか」という質問を受けました。具体的には、「女子と男子の脳の発達には違いがある」「男子が抽象的な理解から言語の理解の順で脳が発達する、女子は、その逆の順序で発達する」「女子生徒は数学や理数系の抽象的な理解が、はじめのうちは男子に比べ、苦手になりやすい」などの考えを教育関係者が述べたということです。

これらに科学的根拠はあるのでしょうか。こういうケースでは、「自身の経験や実践」を基に、独自の理論をつくり上げていることが多い印象です。科学的知見を踏まえると「女子と男子の脳の発達には違いがある」という点は、それ自体漠然としていて何を指しているかは不明ですが、まだ議論の余地があります。

青年期において脳の発達に性差があるかは、大人の脳の性差同様決着がついていない問題ですが、脳の構造の発達には性差があるという研究もあります。ある大規模な研究では、男子のほうが青年期における脳の発達的変化が顕著である可能性が示されています。特に、脳の各部位をつなぐ白質において、男子の変化が大きいことが示されています。ただし、このような脳の構造の違いが、行動や学力とどのように関係するかはまだよくわかっていません。

また、最近の系統的レビューでも、研究手法や白質のどのような側面に注目するかによって結果は一貫しておらず、まだ青年期の脳の発達にどのような性差があるのか、結論を下すのは時期尚早のようです。[1]

トンデモ理論の弊害

「女子と男子の脳の発達には違いがある」はまだ理解できますが、「女子と男子で発達の順番が違う」という考えは、全くもって科学的根拠がありません。発達心理学の研究は19世紀末くらいからの歴史がありますが、性別によって発達の順序が異なるという理論は受け入れられていません。

こうした教育関係者は、何らかの発達心理学の理論を曲解するか、自身の経験を基に独自の理論をつくり上げることが多いようです。たとえば、20世紀に活躍した著名な発達心理学者、ジャン・ピアジェの理論を勝手に改変したりしています。

ピアジェの理論では発達は基本的には普遍的なものですし、そもそも現在ではピアジェの理論の主な部分は概ね間違っているというのが世界中の研究者の共通認識です。研究者以外の方がこのことをご存じないのは仕方がありませんし、十分に発信してこなかったという意味で研究者の責任でもあるので、我々も反省する必要があります。ただ、しっかりと勉強もせずにトンデモ理論を発信したり、そのような考えを持って教育にあたったりすることは、教育を受ける子どもにとっては有害でしかありません。

事実、教師が性別に対して偏った考えを持つと、生徒の学力に影響があることが知られています。このことは特に算数や数学で顕著で、膨大な研究がなされています。とりわけ、教師が生徒の算数や数学に期待することには性別による違いがあり、その違いが子どもの算数・数学に対する態度や成績に影響を与える可能性があるのです。

より具体的には、女性の教師が算数に不安を感じると、そのことを言葉に出しても出さなくても、女子生徒は「女性は数学が苦手」だと考えて、数学に苦手意識を持ったり、算数・数学の成績が悪くなったりしてしまうのです。[2]

学力テストの性差

それでは、学力には性差があるのでしょうか。わが国でも、「学力格差」「教育格差」などの議論は盛んで、家庭の経済状態や居住地域による学力の差はしばしば議論されてきましたが、性差が議論されるようになったのは比較的最近だとされています。

まず、この問題でよく取り上げられる、世界的なテストについて簡単に見ていきましょう。有名なものとして、経済協力開発機構（OECD）が実施するPISA《ピザ》、そして国際教育到達度評価学会（IEA）が実施しているTIMSS《ティムズ》があります。

PISAでは、15歳を対象に、2000年から3年ごとに読解リテラシーや数学的リテラシー、科学的リテラシーなどを調査しています。過去には日本の成績が急落したことが「PISAショック」と言われて大きな話題になったこともあり、社会的にも比較的なじみのあるテストです。

このテストには近年70以上の国と地域が参加していますが、多くの参加国で、読解リテラシーでは女子のほうが男子よりも平均的に高い得点を示しています。例えば、2018年のPISAにおいては、参加国のすべてで女子が男子よりも得点が高く、性差は統計的に意味があることが報告されています。日本でも同様の傾向です。[3]

一方、数学的リテラシーでは、男子のほうが女子よりも高い得点となることが多いようですが、すべての参加国で当てはまるわけではありません。2018年のテストでも、カタールなど、女子の成績が良い国もあります。日本においては、2018年のテストでは男子のほうが統計的に成績が良いことが示されており、過去のテストでも男子の成績が統計的に良い年のほうが多いのですが、差がない年もあります。ちなみに、科学的リテラシーについては、結果はまちまちで、２０１８年は日本においても統計的に性差はありませんでした。

また、ＴＩＭＳＳでは、主に算数・数学と理科の学力を測定していますが、こちらはＰＩＳＡよりも性差が出ていません。いくつかの調査年において、算数・数学では男子生徒のほうが女子生徒より高い得点となる傾向がありましたが、差が出ていない調査年のほうが多く、相対的に男子のほうが成績はいいものの、大きな性差があるとまでは言いがたいところです。[4] 理科についても、一部の調査年でのみ、男子の成績が良いことが報告されています。

このように、世界的な学力調査の結果を見ると、教科によって得点に性差があることがわかります。しかし、その差は必ずしも大きくはないと言えそうです。

学力の性差のメタ分析

とはいえ、わずか数回の学力テストの成績によって、性差があるとかないとかいうのは早計です。本書でここまで見てきたような俯瞰的なデータについても取り上げてみましょう。

まず、国語にかかわるような能力のメタ分析を見てみます。女子の成績が良いとされるものです。この点に関してはいくつかメタ分析があるのですが、２０００年以前のものは読解力や文章力にはほとんど性差がなく、わずかに女子の成績が良いことを示しています。

ただ、これらの古い分析には、女子の教育機会が十分に担保されていなかった時代のものも含まれているため、より新しいメタ分析を見る必要があります。２０１８年のメタ分析では、国語、読解、書きについて、アメリカの小学生から高校生の約１０００万人のデータを対象に分析しました。[5]

その結果、国語、読解、書き、いずれにおいても、女子の成績が良いことが示されています。特に、書きの性差は大きく、国語や読解の性差の倍程度もあったということです。性差は小学生の時にはそれほど大きくないのですが、中学生の時には大きくなっており、年齢とともに広がっていくことが示されています。このような年齢差はここまで見てきたような性ホルモンや思春期のタイミングの始まり、および、自己効力感といわれる自信や苦手意識なども関係してくると考えられます。苦手意識については次節で述べます。

次に、数学についてのメタ分析もいくつか報告されています。古いメタ分析では、３００万人以上の人々を対象とした関連研究がレビューされ、全体としての性差はほとんどなかったのですが、高校レベルの複雑な問題の成績において性差が見られ、男子のほうが得意であることが示されています。

ただ、こちらも古いデータには国語と同じ問題があります。より新しいデータでは、女性は数学の成績において男性と同水準に達していることが示されています。２０１０年に報告されたアメリカの生徒１２０万人以上のデータでは、小学校２年生から高校生までのどの学年でも、高校レベルの複雑な問題の成績においても、性差はありませんでした。[6]

同時期に行われたもう１つのメタ分析では、全体として性差はないものの、複雑な問題においてはわずかながら男子の成績が良いことが示されています。

これ以外にも、国際データを含んだメタ分析では、性差の大きさや方向性が国によって大きく異なることを示しており、数学の成績に単純に性差があるとは言いにくい結果になっています。

このように、国語においては性差があると言えそうですが、数学においては、わずかながら男子の成績が良いものの、私たちが考えているほどには男子が有利というわけではなさそうです。

学力と自己効力感

先に、苦手意識について触れました。読者の方も何か苦手科目があったのではないでしょうか。筆者について言えば、今でこそ本などを書かせていただいていますが、学生時代の国語の成績はあまり良くなく、苦手意識がありました。特に、著者の心情や意図を推測するような問題が苦手で、自分の思い込みで的外れな解答を選びがちだったことを覚えています。そのため、拙著が入試問題に使われることもありますが、どう読んでいただいてもいいのにな、と思ったりします。

苦手意識と関連するものとして、自己効力感というものがあります。これは自信のようなもので、ある状況で必要とされる行動を効果的にできると思えるか、課題を達成できると思えるか、ということです。自己効力感は、一般性自己効力感という全般的な自己効力感と、学力やスポーツなどの個別の領域の自己効力感があります。ここでは、学力とかかわる自己効力感について紹介します。

学力そのものと学力の自己効力感には関係があることが知られています。その関係は双方向で、学力が高いと学力の自己効力感が高くなるという方向性と、学力の自己効力感が高いと学力が高くなるという方向性があります。

前者に関してはそれほど説明が要らないと思います。テストの成績が良ければその科目について自信を持ちやすくなるでしょうし、テストの成績が悪ければ自信がなくなるでしょう。

一方、自己効力感が高いことで、学力が高くなる可能性もあります。算数や数学に対して自信があれば、その科目について勉強することは苦ではなく、その結果として成績が高まるということです。

どちらの方向もデータから確認されていますが、学力が高いと学力の自己効力感が高まるという影響のほうが強いようです。

さて、性差に関しては、学力の自己効力感に性差があることが示されています。こちらもメタ分析がなされていて、7万人弱の生徒を対象にした研究を分析したところ、女子が男子よりも高い科目は国語であり、逆に男子が女子よりも高い科目は、算数・数学や科学関連科目であることが示されました。[7]

年齢の影響も検討されていて、15歳以下ではほとんど性差がないのに対して、23歳以上で最も大きな性差が認められました。

これまでと同様に、いずれも性差はそれほど大きくないのですが、このような自己効力感に見られる性差が学力の性差に影響を及ぼす可能性は否定できないところです。

学力テストと学校の成績

ここまで、主に学力テストを中心に、性差があるかどうかについて見てきました。概ね、女子は国語の成績が良さそうであり、男子は算数・数学の成績が若干良さそうだという傾向がありました。

このような標準的なテストではこういう結果が出る傾向があるのですが、教師が評価する学校の成績は必ずしもこのような傾向を反映しないことが知られています。この点を少し紹介しましょう。

ここでの成績は、米国ではGPA（Grade Point Average）などを指します。色々と違いはありますが、日本でいうところの通知表の5段階評価のようなものを想定してください。GPAのような学校の成績は、日本の成績と同様、テストの点数以外にも課題の提出や授業参加など、様々な要素を総合したものです。テストの成績だけではないので、やや恣意的な部分が含まれるのは否定できないところです。

この点を調べたメタ分析では、アメリカを中心に、様々な国における学校の成績のデータセットを分析しました[8]。アメリカ以外にはヨーロッパや台湾、マレーシアなどが含まれています。

この分析で重要な発見の１つは、全体では女子のほうが統計的に有利であることが示された点です。最大の性差が国語に関連する科目であり、最小は数学であったものの、数学を含むすべての科目で女子のほうが有利であることが示されました。これは、学力テストの成績に関するメタ分析では、数学や理科に関する科目で男子のほうがいいという研究結果とは対照的です。

この食い違いがなぜ生じたかの説明はなかなか難しいのですが、この研究の中では、たとえば女子生徒のほうが男子生徒よりも親が努力を奨励する可能性などが挙げられています。ただ、別の研究では、親は女子には国語、男子には算数を奨励することも示されており（この点については後述）、親の励ましだけでは十分に説明できません。

いずれにしても、世界的には、このような研究結果と一致して、男子生徒の学力の低さが問題になることもあり、そのような生徒をどのように支援するかが問題になっていることも少なくありません。

大学生の学力

学力というと、主に小学校高学年から高校に入ったくらいまでの生徒を対象にしたものだと考えられがちですが、大学生についての分析もあります。筆者が専門にしている心理学は、女性と男性の比率が同等くらいで、他の学問と比べると女性比率がかなり高いです。特に筆者の専門の発達心理学は、女性の比率が非常に高い分野です。

この分野では世界的に著名な女性研究者が少なくありません。発達心理学者を体系化したとも言えるスイスの発達心理学者のジャン・ピアジェ、ロシアの発達心理学者のレフ・ヴィゴツキーなどの過去の著名な研究者は男性ですが、これは当時女性が学問の道に進みにくかったことと無縁ではないでしょう。

現在のこの分野には女性のトップ研究者が多数います。日本ではこういう場合に、「女性ならではの理論」などが求められることが多いような印象がありますが、トップ研究者の研究や理論は、性別などは関係なく、学術的に素晴らしいものばかりです。

発達心理学に関する学術集会に日本発達心理学会というものがあり、他の分野の先生をこの学会にお招きすると、女性の多さに驚かれることがあります。それだけ、他分野の学会では男性が多くを占めているということかもしれません。

話がそれましたが、日本国内で心理学のような授業も含め、大学の成績を分析した研究があります。この研究は、全国の４年制大学２７６校の４年生を対象にしています。大学ではテストだけではなく、レポート課題で評価することもあるので、単純な得点ではなく、「優」や「Ａ＋」などの成績上位であることを示す単位の数を女性と男性で比較しています。

データ自体は２００５年のものであり、かつ、学生の報告に依存しているという点で慎重になる必要がありますが、この分析では女子学生のほうが、男子学生よりも、「優」の数が多いことが報告されています。これは、いわゆる理系分野、文系分野にかかわらずです。[9]

筆者自身を思い返してみると、確かに自分の成績にはあまり優が多くなかったような気がしますし、周りの女子学生には優秀な成績を取った方も多かったように記憶しています。一方で、周りに優秀な男子学生もいたなと思ったりするので、自分の成績が悪かっただけではないかと反省しています。

幼児の就学準備性

今度は、幼児についても見てみましょう。もちろん、幼児に対して標準的な学力テストがあるわけではありませんので、日本ではあまりなじみのない就学準備性という言葉について紹介します。

就学準備性とは、子どもが学校生活を無理なく始められるだけの発達状況にあることを指します。幼稚園や保育園も教育活動や集団生活がありますが、公的な学校教育が本格的に始まるのは小学校であり、「小1プロブレム」などといわれるように、小学校入学時に戸惑う子どもも少なくありません。しっかりとした準備が必要になってくるわけです。

就学準備性は、主に、身体的、認知的、社会情緒的な側面から総合的にとらえられます。日本でも、言葉としてはなじみがないと思いますが、幼稚園や保育園の要領や指針に「幼児期の終わりまでに育ってほしい姿」というものがあり、10の姿が挙げられています。具体的には、健康な心と体、自立心、協同性、道徳性・規範意識の芽生え、社会生活との関わり、思考力の芽生え、自然との関わり・生命尊重、数量や図形、標識や文字などへの関心・感覚、言葉による伝え合い、豊かな感性と表現が含まれます。

このように、わが国でも身体・健康面、認知・学力面、社会情緒面を公的な学校教育が始まる前に育てようという目標があるのです。このように多岐にわたる発達が調和されていなければ、子どもは学校生活になじめずに難しさを感じる可能性があります。就学前の家庭や保育環境で、発達を促す適切な働きかけと支援を行うことが極めて重要になるのです。

この10の姿の中に、算数の基礎的能力や、国語の基礎的能力が含まれていることにお気づきだと思います。このような能力には性差があるのでしょうか。筆者が調べた限りメタ分析は見つからなかったのですが、俯瞰的な研究の1つである系統的なレビューにおいて、国外の子どもを対象にした就学準備性の性差も触れられています。[10]

それによると、女児は、男児よりも、授業への関与度、注意力、算数と読解の得点、社会情緒面で優れていることが報告されています。一方、男子は反抗的な行動を示したり、就学時に学業面と社会情動面での準備不足にあったりする傾向が報告されています。

ただ、この系統的なレビューで扱われている研究は少ないですし、決定的と言えるほどのデータではないので注意が必要です。幼児を対象にした場合、算数という科目全体ではなく、数や量、計算などが個別に研究されていることが多いため、なかなか俯瞰的に見るのは難しい事情があります。

この点に気を付けつつ、既存の証拠を基に就学準備性に関して言えば、女児のほうが優れているようです。就学に際して配慮が必要なのは男児に多い可能性を示唆しています。

学力の性差はなぜできる？

ここまで各年代の学力やそれにかかわるものの性差について見てきました。主に国語と算数について扱ってきましたが、全体的に以下のような傾向がありそうです。

証拠は十分ではないですが、幼児期から就学までは、女児のほうが国語も算数も得意そうです。性差は小さいという前提のうえで、その性差をもたらす要因についても考えてみましょう。幼児期の性差は、それぞれの科目についての能力そのものだけではなく、第4章で見てきたような言語能力の（それほど大きくはない）違いや、第5章で見てきた自制心の違いや前記の注意力の違いなどにも影響を受けるでしょう。

女児の言語能力が高ければ国語の成績が高いのは当然でしょうし、言語能力の高さは数や量の概念獲得にも有利になります。また、自制心の高さは算数の成績と密接な関係があることが繰り返し示されています。第5章で見たように、若干ですが女児のほうが自制心が高いため、自制心の高さが幼児期の算数の成績にも影響を与えるのでしょう。注意力も、人の話に注意を向けたり、問題に注意を向けたりするために必要になってきますが、こちらも女児が得意なのであれば有利に働くでしょう。

とはいえ、小学校以降になると、少し様子が変わってくることも見てきました。国語に関しては、どの時期を見ても、女子の成績が良いことが示されています。一方、算数・数学に関しては、性差がほとんどないか、難しい問題については男子の成績が良い場合もあるようです。小学生の間には性差はほとんどなく、中等教育以降で性差が見られるようになってくるということです。

このような特に算数・数学における性差の変化はどのように考えられるでしょうか。第3章で見てきたような空間認知のような能力や、それと関連する性ホルモンの影響が、特に性ホルモンの濃度が高まる思春期に見られるようになるというのが生物学的な説明です。この説明は間違いではないと思いますが、性ホルモンと様々なタイプの問題を含む算数や数学の成績の関係はそう単純ではなく、これだけでは十分ではありません。

近年は、環境的な要因に注目が集まっています。先に述べたように、教師の思い込みや苦手意識も重要な要因なのですが、より家庭の影響が顕著な幼児期においては、親の態度は極めて重要です。

少し古いのですが、重要な研究を紹介しましょう。[11] この研究は、日本、台湾、アメリカの3か国の幼稚園児・小学生とその養育者を対象にしたものです。読解と算数のテストを受けてもらい、その成績の性差を調べるとともに、養育者が子どもの学力についてどのような考えを持っているかを調べました。

その結果として、まず、学力については、細かくみればいくつか違いはあったものの、読解にも算数にもほとんど性差がありませんでした。そして、このパターンは文化に影響を受けておらず、日本、台湾、アメリカのどの国でも同じ傾向でした。

その一方で、読解と算数における能力の性差についての親の信念は、実際の成績の違いよりも強かったのです。少し古い研究ということもあり、回答をしたのは母親だったのですが、母親は女子のほうが男子よりも読解力が高いと考えていました。具体的には、女子の読解力を高く評価して読解テストで高得点を取ると期待し、女子と男子のどちらが読解を得意かと聞かれると圧倒的に女子を選びました。

この研究では算数に関する期待にはそれほど性差はなかったのですが、その後の研究では、母親は、算数は男子が得意だと考えることも示されています。

重要なのは、実際の成績では女子も男子も同様の読解力を示していた点です。能力としては変わらないのに、親は「読解＝女子」と考えていました。このような親の思い込みは、小学校時代に女子と男子が努力したり、興味を持ったりする分野に大きな影響を与える可能性があります。

読解を励まされる女子は読書を楽しむようになるでしょうし、親が「算数＝男子」だと考えていたら男子は算数に興味を持つようになるかもしれません。母親のこうした意識の偏りは子どもたちにも伝わります。この研究でも、女子は自身の読解力を高く、男子は自身の数学力を高く評価していました。

　繰り返しになりますが、このプロセスは重要だと考えられています。親であれ、教師であれ、メディアであれ、周りの大人の信念が気づかないうちに子どもに伝わってしまい、子ども自身が自分の苦手科目や得意科目をつくってしまうかもしれないのです。実際に苦手であるかどうかにかかわらず、女子が算数に苦手意識を持つことで、成績が下がってしまうのかもしれません。周りの環境が学力の性差をつくり出している可能性があります。

　難しいのは、こういう話を親や教師を相手にしてもなかなか伝わらない点です。親や教師は無自覚に偏ったメッセージを送ってしまっているので、自分の言動が子どもに密かに影響を与えていることに気づけません。結果として、このような信念や苦手意識が負のループのように再生産されてしまう可能性があります。

　社会もこのことを自覚する必要があります。たとえば、些細なことですが、漢字ドリルはたいてい赤色で、算数のドリルが青色です。第2章の色の好みで見たように、女の子はピンク、男の子は青色という思い込みがあり、間接的にですが、「国語＝赤系＝女の子」「算数＝青系＝男の子」という暗黙のメッセージを、ドリルの色を通じて伝えてしまっている可能性もあります。このような暗黙のメッセージはあちこちで見られます。

まずは親も教師もメディアも自分が偏ったメッセージを送っていることを自覚することが第一歩かと思います。

本章のまとめ

本章では、学力の性差について見てきました。世界的な学力調査の結果を見ると、読解力では女子のほうが男子より平均的に高い得点を示す傾向にあります。一方、数学的リテラシーでは男子のほうが女子より高い得点となることが多いようですが、差は小さく、国によっては女子のほうが良い場合もあります。

メタ分析などの俯瞰的な研究を見ると、国語においては女子のほうが成績が良く、数学においては男子がわずかに優れているものの、大きな差はありません。就学前の子どもでは女子のほうが国語と算数の両方で優れている傾向があります。

一方、教師の評価する学校の成績は、テストの成績とは異なり、全体として女子のほうが有利であることが示されています。この食い違いの理由は定かではありません。

学力の性差をもたらす要因としては、生物学的要因も考えられますが、近年は環境的要因にも注目が集まっています。特に親や教師の期待や偏見が、子どもの自己効力感や苦手意識に影響を与え、結果的に学力の性差を生み出している可能性があります。実際には能力に違いがないにもかかわらず、「国語＝女子」「算数＝男子」といった固定観念が存在するためです。

このような偏った信念は無自覚のうちに子どもに伝わり、子ども自身が苦手科目をつくり出してしまう恐れがあります。親や教師、メディアが偏ったメッセージを送らないよう自覚することが重要です。

文献

1 Piekarski, D. J., Colich, N. L., & Ho, T. C. (2023). The effects of puberty and sex on adolescent white matter development: A systematic review. *Developmental Cognitive Neuroscience, 60,* 101214.

2 Beilock, S. L., Gunderson, E. A., Ramirez, G., & Levine, S. C. (2010). Female teachers' math anxiety affects girls' math achievement. *Proceedings of the National Academy of Sciences, 107* (5), 1860-1863.

3 ＯＥＣＤ生徒の学習到達度調査（ＰＩＳＡ）Programme for International Student Assessment ～２０１８年調査国際結果の要約～

4 瀬沼花子（2021）学校での算数・数学とジェンダー——研究と実践の進歩から学ぶ『学術の動向』26巻（7号）22–29

5 Petersen, J. (2018). Gender difference in verbal performance: A meta-analysis of United States state performance assessments. *Educational Psychology Review, 30,* 1269-1281.

6 Lindberg, S. M., Hyde, J. S., Petersen, J. L., & Linn, M. C. (2010). New trends in gender and mathematics performance: A meta-analysis. *Psychological Bulletin, 136* (6), 1123-1135.

7 Huang, C. (2013). Gender differences in academic self-efficacy: A meta-analysis. *European Journal of Psychology of Education, 28,* 1-35.

8 Voyer, D., & Voyer, S. D. (2014). Gender differences in scholastic achievement: A meta-analysis. *Psychological Bulletin, 140* (4), 1174-1204.

9 安田宏樹 (2015). 大学４年生の成績に関する男女間差異『東京経大学会誌 経済学』(第２８５号) １２７－１５３

10 Mariano, M., Santos-Junior, A., Lima, J. L., Perisinotto, J., Brandão, C., Surkan, P. J., & Martins, S. S. (2019). Ready for school? A systematic review of school readiness and later achievement. *Global Journal of Human-Social Science, 19* (G10), 57-71.

11 Lummis, M., & Stevenson, H. W. (1990). Gender differences in beliefs and achievement: A cross-cultural study. *Developmental Psychology, 26* (2), 254-263.

第7章

感情の性差

第3章から第6章までで、心理学研究で比較的性差が見られると言ってよさそうな、空間認知、言語、攻撃性、学力を取り上げ、これらの行動の性差が赤ちゃんや子どもにおいて見られるかを紹介してきました。

第7章では、これ以外で性差がありそうなものとして、感情の性差について取り上げてみたいと思います。

筆者が小学生のころに読んでいた漫画に、「女は感情的だから困る」という主人公のセリフがありました。当時の本や漫画ではこのような記述は珍しくなく、小学生で女性のきょうだいもいなかった筆者は、そういうものかと思った覚えがあります。

クラスメイトの女児が泣く様子や、女性教師がよく怒っている様子が、このような思い込みを強化したのかもしれません。実際には、男児もよく泣いていたし、男性教師もよく怒っていたにもかかわらずです。いわゆる、心理学でいうところの確証バイアスというもので、思い込みに沿った情報だけ集めていたのでしょう。

「女性は男性よりも感情的である」という思い込みは極めて大雑把なものですが、一般には、男性は怒りやすく、女性は悲しみやすいとか、男性はプライドが高く、女性は共感性が高いとか、女性の笑顔が多いとか、性別と感情にまつわる思い込みは少なくないように思います。

本章では、このような感情の性差について見ていきたいと思います。

女性のほうが笑顔が多い？

筆者は男性ですが、我ながら愛想がいいとは言えません。大学で授業をしていても、受講者に笑顔が少ないと指摘されるくらいです。そんな筆者からすると、確かに、女性は一般に笑顔で接してくださることが多いような気もします。

一方で、男性でも笑顔が多い人は少なくないですし、女性が皆笑顔ということもないような気もします。実際のところはどうなのでしょうか。

笑顔というのは、嬉しさや喜びといったポジティブな感情に付随するものですが、一方で、笑顔の人が本当にポジティブな気分でいるかどうかはわかりません。上司や教師などの前では愛想笑いしなければならないということもあるでしょう。仕事で顧客に接するときに見せる営業スマイルというのもあります。そして何より、女性に笑顔を求める社会的な要請という側面も無視はできないでしょう。筆者も大学生や大学院生の方々を指導する立場として、笑顔を強《し》いていないか気を付ける必要があるなと思います。

このような笑顔についての研究は、自然な会話の場面での笑顔を観察したり、何らかの役割、たとえば、教えたり、インタビューをしたりするような役割を与えられて、その際の笑顔の頻度を計測するなどして行われています。

これらの結果について、いくつかのメタ分析がなされています。[1] 主に大人を対象にしたものですが、いずれも、女性の笑顔が多いことが示されています。それほど大きな差ではありませんが、どちらかというと女性のほうが笑顔を表出しやすいということは言えそうです。

ただ、これは女性のほうが喜びを感じやすいからというよりは、女性のほうがそのような社会的役割を担わされていたり、笑顔を示すように求められる場面が多かったりするからではないかと指摘されています。つまり、笑顔を表出せざるを得ない、もしくは、するように方向づけている社会的なルールがあるようです。

このような感情を表出するための社会的なルールのことを表示規則と呼びます。イメージとしては、お通夜やお葬式では笑顔になってはいけないとか、そういう暗黙的な社会的ルールのことです。女性が笑顔を表出するように求められるのも、一種の表示規則ではないかというのです。確かに、そういう状況は少なくないように思えます。

このメタ分析の中では、特に女性において、他人に見られている場合に、笑顔が増えることが報告されています。同様に、他人とかかわっているときに、そうでない場合よりも、笑顔の性差が大きいことが報告されています。他人に見られたり、評価されたりしているときに、笑顔を表出するように求められるということでしょう。

だいぶ昔の話ですが、筆者が高校生のころ、運動会（筆者の通っていた高校では体育祭ではなく運動会と呼んでいました）の掛け声の中で、「男は度胸、女は愛嬌」というものがありました。今は変更されていることを切に願いますが、このような社会的圧力はあちこちで見られるように思います。

笑顔に性差がある理由

また、表示規則だけではなく、状況的な要因も笑顔の性差と関連するようです。わかりやすい例としては、養育者としての役割を担う状況では、笑顔の性差は小さくなります。子どもをお世話する場合、女性であれ、男性であれ、笑顔が増えるため、性差が小さくなるということです。

男性の育児参加も以前よりは広がってきていますが、未だに主たる養育者は女性であることが多いのも事実です。育児をすることによって、（特に男性の）笑顔が増えるのは素晴らしいことですね。筆者も間違いなく、子育てのおかげで笑顔が増えたという実感があります。

子どもに感謝です。

　また、権力や地位の違いも笑顔の性差に影響を与えることが示されています。権力や地位が異なる場合、つまり、上司と部下、教師と生徒のような関係では、笑顔の性差が小さくなります。一方で、対等な場合は、笑顔の性差が大きくなるようです。

　たとえば、権力や地位が低い立場の人は、社会的に期待される役割に従って行動する必要があるため、女性も男性もともに多く笑顔を示すようになります。しかし、対等な立場の場合、そのような役割による制約がないため、性別に基づく表示規則がより顕著になり、女性は多く笑顔を示し、男性は笑顔を控えめにするようになります。その結果、笑顔の性差が大きくなるというわけです。

　さらに、笑顔の性差は、年齢によっても異なるようです。男子の笑顔は、青年期になると少なくなるようで、青年期に笑顔の性差が最も大きいという報告もあります。先に述べたような表示規則が、第二次性徴を経て性別が意識されるころから獲得されていくのかもしれません。

　このように、笑顔一つとっても、感情の性差は難しい問題であることがわかります。繰り返しになりますが、感情そのものの性差と、感情を行動として表出することの性差は別物です。後者の研究が多いものの、後者の性差は社会的な役割や期待が影響しやすいことに注意が必要です。このことは笑顔以外の感情にも当てはまります。

これを踏まえたうえで、他の感情の性差について考えていきましょう。

感情の種類

そもそも、感情がどういうものであるか、いつごろから発達するのかを見てみましょう。感情は、一次感情と二次感情に大きく分類されます。一次感情は、どのような文化圏でも観察される、人間が乳幼児期から持っているもので、基本感情とも呼ばれます。皆さんが感情といって思い浮かべるような、喜び、驚き、悲しみ、嫌悪、怒り、恐れの6つを指します。

一方、二次感情は複雑な感情のことで、恥や罪悪感、プライドなどを指します。高次感情ともいわれますが、文化によって異なることも少なくありません。後で述べるように、「自分」という意識が必要だとされます。

生まれたばかりの赤ちゃんは単純な感情を持っていますが、複雑な感情は持っていません。具体的には、生まれて間もない時期でも、ポジティブな感情とネガティブな感情、つまり、快と不快の2つがあるとされています。赤ちゃんでもお腹がすいたり、オムツが濡れたりすると泣くわけで、不快な感情を感じているのだと推察されています。また、母乳を飲んだりすると満足そうな表情をすることから、快を感じているのだと考えられます。このように、自分が好きなものに対しては快感情、嫌いなものに対しては不快感情を示すのです。

その後、不快感情は様々な感情に分かれていきます。怒り、嫌悪、さらに恐れが生まれるとされます。快感情は、そのまま喜びになります。

ただ、もちろん、赤ちゃんが本当にこのような感情を感じているのか、という点は難しいところです。あくまで、表情や行動を通して、「このような感情を感じているのではないか」と研究者が推察しているに過ぎない点については留意したいところです。

鏡の中の自分を発見する

次に、二次感情について説明しましょう。二次感情には、自分についての意識が必要です。このような意識は、2歳ごろに獲得されると考えられています。

私たちは普段、自分の顔を直接見ることはできません。でも、鏡を使えば、自分の顔や姿をチェックできますよね。髭を剃ったり、化粧をしたりするときに大活躍です。

では、子どもたちはいつから鏡に映る自分の姿を認識できるようになるのでしょうか。実は、それが2歳くらいからなのです。

元々は、チンパンジーを対象にした面白い実験が報告されています。チンパンジーが眠っている間に、眉や耳のあたりに赤い染料をつけておきます。そして、目が覚めた後に鏡を見せると、チンパンジーは赤い染料がついた部分を「あれ？　何かついてる？」という感じで頻繁に触るようになったのです。

同じような実験を子どもたちにもしてみると、1歳以下の子どもは、鏡に映った自分の姿に微笑《ほほえ》みかけるだけでした。ですが、18か月を過ぎると、鏡を見て自分の顔についた染料を触るようになり、2歳を過ぎるころには、ほとんどの子どもがこのテストをクリアできるようになるのです。

1歳以下の子どもの微笑みかけるという反応は、自分ではなく他人に対する反応です。この時期には鏡に映った姿が自分であることは認識できていません。

2歳前後は、自分に対する意識が目覚める大切な時期のようです。これ以外にも、写真の中の自分を正しく選べたり、自分の名前を呼んだりできるようになります。

そして、照れや羨望といった、より複雑な感情も、このころに現れ始めます。他の人から注目されると照れたりするようになるのは、自分が他者に見られていることを意識できるようになるからなのです。大人でも、人前でスピーチをする場合、他人に注目されると照れるでしょう。これと同じことです。

さらに2歳半ごろからは、ルールを理解し、自分の行動を評価できるようになります。「これは恥ずかしい」という恥感情とか、「これはやってはいけなかった」といった罪悪感が芽生えてきます。

こうして、鏡に映る自分の姿を認識することから始まった自己意識の芽生えは、子どもたちの感情の発達を促し、より豊かな内面世界をつくり上げていくのです。

子どもはポジティブ

感情の種類について概観したところで、子どもの感情の性差についての検討に入りましょう。繰り返しになりますが、感情そのものの検討は難しいので、感情表出の性差ということになります。

先に触れたメタ分析は少し古いので、子どもの感情表出に絞った比較的新しいメタ分析を紹介します。この分析は、乳児期から青年期までの子ども2万1709人を対象にしています。[2]

基本感情については、ポジティブな感情として、喜び、驚き、「全体的なポジティブな感情」を、ネガティブな感情として、悲しみ、恐れ、不安、怒り等を扱っています。

喜びについては、喜び単体で見るとほとんど性差はないのですが、全体的なポジティブな感情として見ると、わずかですが性差があり、大人や青年期の研究と一致して、女児のほうがポジティブな感情を示しやすいようです。

ただ、子どもにおいては、ほとんどポジティブな感情に性差がないと言ってよいでしょう。子どもは、女児であれ、男児であれ、基本的にはポジティブな感情を示しやすいのです。これは、子どもの自尊心の高さと関連するのかもしれません。先に述べたように、子どもは２歳ごろに鏡の中の自分を発し、それ以降に「自分」についての様々な発達を示します。

自尊心もその１つです。幼い子どもの自尊心は、過去の自分との比較によって得られます。昨日より今日は何ができるようになったか、どういう新しい経験をしたか、という点が大事なのです。昨日できなかった折り紙ができるようになったとか、昨日より上手に自転車に乗れるようになったとか、そういう達成感によって非常にポジティブな感情を持つことができます。

小学生以降には、他者との比較や他者にどう思われているかによって自尊心が影響を受けるようになります。しかし幼い子どもは高い自尊心に支えられているので、ポジティブ感情を持ちやすいのです。

ネガティブ感情

次に、ネガティブ感情についても見てみましょう。あまり良い響きではないネガティブ感情ですが、人間を含む生物にとっては、生存するために極めて重要な感情です。たとえば、恐れを持つことで、私たちは敵わない相手を避けることができます。

ネガティブ感情は、大きく内向きな感情と外向きな感情に分けることができます。悲しみ、恐れ、不安が内向きな感情であり、怒りは外向きな感情です。

内向きというのは、自分の中に抱える感情のことです。悲しみはその典型です。一方、怒りは、誰か・何かに対して向けられることが多い感情です。もちろん、自分に腹が立つということはありますが、基本的には、外に向けられる感情です。

これらの感情の性差を見てみると、子どもの感情の性差は極めて小さなものであることが示されています。特に、悲しみや不安には性差がほとんどないと言ってもよさそうです。

一方、恐れでは、わずかながら女児のほうが大きいことが示されています。悲しみ、不安単体では性差がありませんが、恐れも含めた内向きな感情全体ではわずかに性差があり、女児のほうが示しやすいようです。

この点に関して、悲しみや恐れなどの感情を表出していいという、表示規則の影響の可能性が示されています。確かに、河島英五さんの名曲「酒と泪《なみだ》と男と女」にも、「俺は男 泪は見せられないもの」とありますし、筆者も「男は泣くな」という言葉を受けて育ってきました。泣いているところに泣くなと言われるのでより泣きたくなり、理不尽さを感じたことを思い出します。

怒りに関しては、男児のほうが示しやすいことが明らかになっています。第5章の攻撃性のところでも触れましたが、怒りは目標到達を邪魔する障害物を乗りこえるために役立つと考えられており、そういった目標到達に関する社会的な役割が男性に求められることと関連しそうです。

ただ、別のメタ分析では、恐れには若干の性差が認められていますが、悲しみや怒りには性差がないことが報告されています。よって、ほとんど性差がないと考えたほうがよさそうです。

状況による影響

状況が子どもの感情表出に与える影響について触れておきましょう。大人を対象にした場合は、他人に見られている状況や他人とかかわるような状況において、より笑顔の性差が見られること、上司と部下、教師と生徒のような関係では、笑顔の性差が小さくなり、対等な場合は、笑顔の性差が大きくなることを本章の前半で示しました。

子どもの場合は、親と一緒のときか、それとも、親以外の他人といるときかによって異なる可能性があります。分析の結果、親と一緒のときには感情表出の性差は見られず、知らない大人や仲間といるときには性差が見られやすいようです。

親といる場合は、子どもは安心できるので、表示規則と一致しないような感情も表出できるのかもしれません。一方、見知らぬ大人の前だと、子どもは表示規則に従うようになり、特にポジティブな感情の性差が見られやすくなるようです。知らない人の前では、女児は笑顔を見せておいたほうがいいと考えるのかもしれません。

また、仲間の前でも性差が出やすいことが示されています。特に、外向きな感情である怒りに性差が出やすくなるようです。男児は、男児同士で、乱暴で騒々しい遊びをする傾向が高いため、仲間と一緒にいる際には、女児よりも怒りに関連した感情を表現する傾向があるかもしれません。

ただ、このようにもっともらしく性差を紹介したものの、基本感情の感情表出には性差がほとんどないといって差し支えないレベルだと言えそうです。

高次感情の性差

次に、高次感情についても見ておきましょう。高次感情については基本感情ほどの研究がないので結論めいたことは言えないのですが、相対的に女性と男性のどちらのほうが高そうであるかについて触れてみたいと思います。

このメタ分析や他のメタ分析で扱われているのは、罪悪感、恥にかかわる感情、同情および共感性、軽蔑、プライドなどです[3]。これらの感情を目にして、女性と男性のどちらのほうが表出しそうでしょうか。

まず、罪悪感については、ほんのわずかに女性のほうが表出しやすいようです。また、恥にかかわる感情として、英語ではシェイム（shame）とエンバラスメント（embarrasment）があり、エンバラスメントのほうが若干軽めの恥ずかしさというイメージです。シェイムはどちらかというと女性のほうが表出しやすく、エンバラスメントには性差がなさそうだといわれています。

共感や同情については、女性のほうが感じやすい可能性が指摘されています。心理学では共感（empathy）と同情（sympathy）は区別されていて、共感は他者と同じ感情を経験すること、同情は他者に対して表出する憐れみに近い感情だとされます。共感が自分と他人の区別がないのに対して、同情が他者に向けられた感情である点が異なります。

いずれにしても、女性のほうが表出しやすいことが示されています。高次感情については研究が少ないですが、その中では共感や同情については相対的に性差がありそうだと言えるかもしれません。

プライドについては、男性のほうが示しやすいような印象がありますが、分析によって結果が分かれています。あるメタ分析では男性のほうが表出しやすいことを示しているのに対して、別のより詳細なメタ分析によると性差はありません。

以上のように、高次感情については研究知見が十分ではありませんが、少なくとも共感や同情には若干の性差があると言えそうです。それ以外については、性差があるとは言えないようです。

落ち着きやすさの性差

心理学において、感情そのものだけではなく、落ち着いたり、感情を抑えたりすることも重要な研究テーマです。感情制御とか感情調整などと呼ばれるこの能力に、性差はあるのでしょうか。

本書の冒頭で述べたように、一般的な考えとして、女児は育てやすく、男児は育てにくいというものがあります。これは、感情や気質としての落ち着きやすさや感情制御というところと関連するかもしれません。

一度泣いたり怒ったりすると手が付けられなくなるような子どももいれば、泣いてもあっさりと泣きやんで次の活動を始める子もいます。前者を育てにくいと感じることは無理もないことです。

筆者は時々テレビ番組で識者として呼ばれたり、一般向けの講演などをしたりすることがありますが、そういう機会でよく出る質問が、子どもが感情を爆発させたときにどうしたらなだめられますかというものです。そして、多くの場合、男児の問題としてなされることが多いように思います。

こういう質問に対しては、子どもの年齢や置かれた状況、生まれ持った特性があるので一概に答えられるものではありませんが、少なくとも、「男児であること」が原因ではないことは確かです。

このような落ち着きやすさについては、第5章で紹介したような自制心がかかわります。そこでも述べたように、自制心の性差はそれほど大きなものではありません。

さらに、落ち着きやすさそのものについてのメタ分析もあり、その結果としては、全く性差がないという結論になっています。[4]

これは意外に思われるかもしれませんが、やはり女児や男児というよりは、個別の子どもが持つ特性として理解したほうがよさそうです。

本章のまとめ

以上のように、感情の性差については、大きく3つの結論があります。まず、感情の性差自体は調べることが難しいので、感情の表出の性差しか調べられないこと。そのため、表示規則などの社会的ルールの影響が強く、これまで見てきたような生物学的な視点からの説明が容易ではないということが言えそうです。

次に、その点を踏まえたうえで、ほとんどの感情表出には性差があるとは言えないというのが2つ目の結論です。喜びや怒りなどには小さな性差があると言えなくもないですが、その性差は行動として検出するのが難しいレベルの性差です。

さらに、子どもを対象にした場合にも、ほとんど感情の表出には性差がないと言えそうです。性差が見られるようになるのは主に青年期ごろからであり、このことは社会的な役割などの影響を受けていると言えそうです。

一般的に、感情には性差があると思われがちだと思います。冒頭に述べたように、「女は感情的」「男はプライドが高い」など、感情とかかわるような性差に関する言説は本当によく見られます。

しかし、実際の研究を見てみると、感情の性差を調べることは容易ではなく、感情に性差があるとは言えません。また、調べることができる感情表出にはかなりの社会的なルールの影響が見られ、感情の性差というよりは、感情の表出に関するルールの性差を調べているに過ぎないことがわかります。

このようなことは、感情以外の様々な行動や能力にも当てはまるでしょう。素朴に考えると性差があるように見える行動や能力は多数あるように思えますが、実際に性差があるものは本当に少ないのではないかと考えられます。

文献

1 LaFrance, M., Hecht, M. A., & Paluck, E. L. (2003). The contingent smile: A meta-analysis of sex differences in smiling. *Psychological Bulletin, 129* (2), 305-334.

2 Chaplin, T. M., & Aldao, A. (2013). Gender differences in emotion expression in children: A meta-analytic review. *Psychological Bulletin, 139* (4), 735-765.

3 Else-Quest, N. M., Higgins, A., Allison, C., & Morton, L. C. (2012). Gender differences in self-conscious emotional experience: A meta-analysis. *Psychological Bulletin, 138* (5), 947-981.

4 Else-Quest, N. M., Hyde, J. S., Goldsmith, H. H., & Van Hulle, C. A. (2006). Gender differences in temperament: A meta-analysis. *Psychological Bulletin, 132* (1), 33-72.

第8章

心の性差はつくられる？

前章まで、子どもの特定の行動や能力に性差が見られるのか否かについて考えてきました。全体的にはほとんど性差はないか、あっても極めて小さいことを見てきました。

その小さな性差を生み出すものはどのような要因か、これが現在の性差に関する研究の大きな関心事です。

これまで見てきたように、子どもの発達の軸として考えると、赤ちゃんのときや就学前においては、ほとんど性差はありません。性差が見られるようになるのは、小学校入学後や青年期になってからです。

つまり、しばしば「女性脳」「男性脳」などにおいて主張されるような生まれつきの性差は、ほとんどないということになります。生まれつきの性差がないのであれば、どのような要因が考えられるでしょうか。

本章では、ここまで見てきた内容をまとめながら、改めて、いかにして心の性差がつくられるかを考えていきます。

性ホルモンと性差

性差を生み出す生物学的な要因として挙げられるのが、性ホルモンでした。ここまで挙げてきたものは、大雑把に言えば、女性ホルモンと男性ホルモンの影響です。細かいホルモン等についてはここでは触れず、大まかな傾向をまとめてみましょう。

まず、第3章で紹介した空間認知では、男児のほうが女児よりも若干得意であることが示されています。空間認知の中でも、心的回転という、心の中で図形等を回転させる能力に性差があり、それは生まれてから比較的早い時期に認められます。

この心的回転の能力と男性ホルモンには関係があることが示されています。生後1～2か月時点における男性ホルモンの濃度が、5～6か月の時期に心的回転の能力と関係すること、そして、女児よりも男児のほうが男性ホルモンの濃度が高いことが示されています。

第5章で紹介した攻撃性も、男性や男児のほうが、女性や女児よりも高いことが示されました。犯罪の多くは男性によってなされますし、身体的な攻撃性も男性や男児に多く見られます。男性ホルモンと攻撃性の直接的な関係については疑問視されていますが、関係があると考える研究者もいます。

第4章で紹介した言語能力については、男児よりも女児のほうが若干ながら有利である可能性があります。その差は極めて小さいものの、女児のほうが男児よりも言葉の発達が早い可能性があり、この違いに男性ホルモンの低さや、女性ホルモンの高さが関連している可能性が報告されています。

第6章で紹介した学力については、算数・数学は空間認知とも関連しますし、国語は言語能力とも関連するので、理論的には、男性ホルモンや女性ホルモンが関与する可能性はあるでしょう。

ただ、それぞれの章の中でも触れたように、性ホルモンという物質と、空間認知や言語などの能力や行動との隔たりは大きく、性ホルモンがどのように行動に関係しているかということ、その説明はそう単純ではありません。

大人のかかわり

筆者は決して、性ホルモンを含めた生物学的な要因が性差に関与する可能性を軽視するわけではありませんが、それよりも環境要因に注目にしています。これまで述べてきた性差の環境要因についてまとめてみましょう。

第3章で紹介した空間認知については、親が何気なく発する空間語に差がある可能性が示されています。親は、女児よりも、男児に対して、形、大きさ、形の特徴などの空間に関する言葉を使用する傾向にあり、これが心的回転の性差に結びつく可能性が報告されています。

第4章で紹介した言語については、親の話しかけに子どもの性別が影響しそうです。まず、母親と父親を比べると、母親のほうが父親よりも子どもに話しかける頻度が多いことが示されています。そして、その母親が娘と息子のどちらに話しかけやすいかというと、娘に対してより多く話しかけるのです。話しかける頻度の違いが、子どもの言葉の発達に影響を及ぼしているのかもしれません。

第5章では、攻撃性の性差について紹介しました。攻撃性については、親のかかわり方とジェンダーに対する考え方が子どもの攻撃性の性差に影響を与えます。具体的には、性役割に対する固定観念が強い父親は、女児よりも男児に押したり掴んだりといった身体的管理を行うことが示されています。そして、そのような身体的管理を受けた男児が、攻撃的な行動を示しやすいということです。

第6章で紹介した学力については、親の学力についての信念の関与が指摘されています。実際には女子も男子も読解力や算数・数学の成績が同等であっても、親は「読解＝女子」とか、「算数＝男子」という信念を持っており、これが子どもの学力や興味に影響を及ぼす可能性があります。こういう傾向は親だけではなく、教師にも見られることが示されています。

このように、親を含めた周りの大人のかかわりが、ほんのわずかであったとしても、子どもの能力や行動の性差をつくり出している可能性があるのです。

このような話を聞いて、「私はそんな信念を持っていない」とか「私はそんなかかわりをしない」と思われるかもしれません。ですが、ここまでも触れてきたように、難しいのは、大人はこうしたかかわり方を、意識できないレベルで行っているということです。私たちは子どもを「女の子」とか「男の子」と認識すると、行動を無意識的に変えてしまう可能性があります。こういう我々の行動について見ていきましょう。

「Baby X」実験

私たちの中に、子どもの性別に対する思い込みがどれほど深く根付いているか、そしてその思い込みが、私たちが子どものためにする選択にどれほど影響を与えるかについて、考えさせられる実験があります。これは、イギリスの公共放送BBCでも放送され、大きな反響を呼びました。[1]
この実験は、様々なおもちゃ、たとえば、人形、車、ロボット、積み木などがたくさん並んだ部屋で行われます。その部屋の中に、お座りができるようになって、まだおしゃべりはできないくらいの月齢の子どもたちがいます。子どもたちは、いわゆる「女の子らしい」もしくは「男の子らしい」恰好をしています。あなたがその部屋に入って、子どもたちと遊ぶ様子を想像してください。この実験の核心はここにあり、子どもたちと遊ぶときに、私たちがどのような行動を取るかが調べられます。

第2章でも紹介したように、確かに子どもたちにはおもちゃの好みがあります。女児は人形を好み、男児は乗り物を好みます。そして、私たちは、自分たちの経験や、メディアからの情報によって、そのことを知っています。

目の前にスカートをはいた子どもが現れたとき、あなたはどのようなおもちゃを手に取るでしょうか。実験の結果、大人たちは、女の子の服を着た子どもには人形やピンク色のふわふわしたおもちゃなど、通常女の子向けとされるものを手渡しました。逆に、男の子の服を着た子どもたちと対面すると、車やロボットを選びました。このような行動は、実験に参加した多くの大人が「自分は性別の固定観念を持たない」と信じていたにもかかわらず発生しました。

これはBBCで放送された内容なのですが、内容が若干誇張されているので、実際の心理学研究についても触れておきましょう。最も初期の実験では、赤ちゃんに「女の子らしい」もしくは「男の子らしい」恰好をさせるのではなく、男女どちらにも見える赤ちゃんを女の子だと紹介する場合、男の子だと紹介する場合、性別に関して言及しない場合で比較をしています。[2]

実験の結果としても、女の子だと紹介される場合にのみ結果が顕著で、大人は「女の子らしい」おもちゃを選ぶ傾向があることが示されています。

これらの研究は、私たち大人が、子どもを「女の子」と思うか、「男の子」と思うかによって、その子どもの行動や好みについて決めつけを行っていること、そして、その決めつけによって子どもの好みや行動をつくり出している可能性があることを示しています。

感情の決めつけ

おもちゃの好みくらい、決めつけてもいいと思った方もいるかもしれません。ですが、もう一歩、想像力を働かせてみてください。おもちゃだけではなく、能力や行動の決めつけを、子どもの性別に基づいて行ってはいないでしょうか。

次に紹介するのは、感情についての同様の実験です。先の実験と同様に、赤ちゃんを「女の子」もしくは「男の子」として紹介します。その紹介を受けた大学生が、赤ちゃんの感情について評価しました。つまり、実際には同じ赤ちゃんであるにもかかわらず、女児もしくは男児と思い込むことによって、その赤ちゃんの感情の受け取り方に違いがあるかを調べたのです。要は、第7章で紹介したような感情の性差についての思い込みがあるのかどうかを調べていることになります。

結果が若干複雑なのですが、子どもとの接触経験があるかどうかによって変わってきました。大学生の時点で子どもとの接触経験がある人は、そう多くはありません。筆者も学生時代、そうした経験のない状態で保育園や幼稚園、託児所などを回って子どもの調査をしたとき、「森口君は笑顔が少なすぎる、そんなんじゃ子どもを怖がらせるだけだよ」としばしば注意されました。ここでも愛想の悪さが発揮されていましたが、子どもとの接し方がわからない大学生では仕方がないことのようにも思います。言い訳ですが……。

まず、男子大学生についての結果です。子どもとの接触経験が多い男子大学生は、子どもを「男の子」と紹介された場合に、その子どもの感情を強く感じました。一方、子どもとの接触経験が多い女子大学生は、子どもを「女の子」と紹介された場合に、その子どもの感情を強く感じたようです。これは、子どもとの接触経験が、感情に対する思い込みをさらに促進させたためだと考えられます。経験があると、子どもの気持ちをわかると過信してしまうのかもしれません。今となっては研究者として子どもとの接触経験が多い筆者も気を付けなければと思うところです。

感情の種類に関しては、子どもを「男の子」と紹介された場合に、より楽しそうだと評価されたようです。この傾向は特に男性の大学生で強いという結果でした。先の「女性のほうが笑顔が多い」という思い込みとは一致しない結果ですが、実際の子どもの性別とは別に、大人のほうが「女の子」と思うか、「男の子」と思うかによって、その子どもの気持ちを過剰に評価してしまう傾向があります。

これらの研究は、赤ちゃんを「女の子」もしくは「男の子」と思い込むだけで、大人の赤ちゃんへのかかわり方が変わることを示しています。BBCで紹介されるくらいに印象深い研究ですが、このようなセンセーショナルな効果はどの研究でも見られるのでしょうか。

メタ分析はないのですが、これにかかわる研究の系統的なレビューによると、このような効果は、いくつかの要因に影響を受けることも示されています。[3]

まず、先に紹介したような、女の子と紹介された場合は女の子向けのおもちゃを、男の子と紹介された場合は男の子向けのおもちゃを渡すという研究結果は、比較的頑健なようで、ある程度は信頼してよさそうです。

これ以外だと、大人よりも、子どものほうが、思い込みの影響が強いようです。たとえば、子どもを対象にした場合、男の子と紹介された赤ちゃんに対して、より大きく、強く、うるさいと評定する傾向にあったようです。大人よりも、素直に、赤ちゃんを「男の子」と思ってしまうのかもしれません。

この系統的レビュー自体が１９８９年と古いので、現代ではこのような傾向は変わっているかもしれません。確たる証拠はありませんが、「女の子」もしくは「男の子」と紹介されたときに大人が行動を変える傾向は時代とともに変化し、現代社会においてはその影響が弱まっている可能性もあるでしょう。

ただ、子どもの性別に対する思い込みは未だに強いようにも思います。特に、子どもに対しておもちゃをプレゼントする祖父母の世代において、女の子はこうあるべき、男の子はこうあるべき、という信念は根強く残っているでしょう。

このような大人の無意識的なかかわりが、子どもの能力や行動の性差をつくり出している可能性があるのです。

心の性差から進路の性差へ

大人たちによってつくり出された子どもの心の性差は、小さいものではありますが、子どもたちの進路や職業選択に影響を及ぼす可能性が示されています。

つまり、空間認知などで見られる行動や能力の小さな違いは、時間とともに大きな性役割の違いに影響するのです。これらの違いは、社会的な期待、教育、親の態度、そしてジェンダーステレオタイプによって増幅され、明確な性役割につながる可能性があるのです。たとえば、第3章で紹介したように、中学生のときの心的回転課題において男子が得意であることが、男子の科学成績の高さと関連し、思春期初期から生徒のSTEM分野への関心に影響を及ぼす1つの要因となる可能性があります。

これが、小さくても初期の心の性差を軽視してはいけない理由です。ちょっとした性差を、無意識のかかわりで大人や社会が増幅し、気づいたときには子どもたちの進路や職業選択に影響を及ぼしてしまっているのです。

さらに言えば、大人が持つジェンダーステレオタイプを知らず知らずのうちに子どもたちが取り入れて内面化し、その結果として自分の行動を変化させてしまうこともあります。

このことは、子どもの自分の性別に対する認識、性自認をどのように発達させるかということとも関連してくるので、その点について説明します。

子どもの性別認識

子どもは、いつごろから、自分を「女の子」「男の子」とみなすようになるのでしょうか。これは、第7章で紹介した、自分という意識の発達と密接にかかわってきます。先にも述べたように、子どもは、2歳ごろから鏡に映った姿を自分だと認識したり、写真に写った自分を選んだり、自分の名前を呼んだりするようになります。

これと時期を同じくするか、やや遅れて、子どもは自分の性別を認識するようになります。早い子であれば2歳くらい、3歳になればほとんどの子どもが、自分が女の子であるか、男の子であるかを認識するようになります。

ただ、3歳くらいだと、性別に関する認識がまだ不十分であることが知られています。女の子のような姿をした男の子を見ると女の子だと思ったり、その逆だったりします。6歳くらいまでに、髪型や服装などが変わってもその人の性別は変わらないことを理解するようになります。

このくらいの時期には、「女の子」と「男の子」が別々のグループであることを意識し始め、同性の仲間集団に適応しようとし始めます。女の子は女の子と遊ぶようになり、男の子は男の子と遊びがちになります。

一方、同性の仲間内での自分の位置づけを認識し始めるのは小学生になってからです。一般的に、子どもは小学生になると自分と他人を比較するようになります。性別に関しても同様で、同性の友達と自分を「女らしさ」「男らしさ」などの面でも比較するようになるのです。

とはいえ、昨今では、性別を「女性」と「男性」の2つに区別できるのか、また、自分の性別が本当に固定されたものなのか、という点が疑問視されています。興味深いことに、最近の研究では子どもが自分の性別に戸惑ったり、不満を持ったりすることも示唆されています。

たとえば、ある研究では、アメリカの小学校1年生、3年生、5年生に対して、自分の性別がしっくりくるかどうかを尋ねました。多くの子どもは自分のジェンダーを自然に受け入れていましたが、2割弱の子どもがどちらのジェンダーにも近いと思わないと回答したことが示されています。[4]

また、女児のほうが自分の性別に不満を持つ傾向が高いことが示唆されています。これは、社会において男性のほうが得をする側面が多いことが影響しているのかもしれません。

子どもの性自認と行動

重要な点として挙げておきたいのは、こういう子どもの性認識や性自認が子どもの行動に影響を及ぼすということです。

古い研究ですが、自分の性別を認識できた子どもとできなかった子どもに分類して、その子どもがどのようなおもちゃで遊ぶかを観察した研究があります。[5] その結果、自分の性別を認識できなかった子どもは、性別にかかわらず、女の子向けのおもちゃでも男の子向けのおもちゃでも遊ぶのに対して、自分の性別を認識できた子どもは、女の子は女の子向けおもちゃで、男の子は男の子向けおもちゃで遊んだのです。

この結果は、性別の認識が発達することで、性別に一致するような行動を取りがちになる可能性を示しています。親や家族が子どもに「女の子らしさ」や「男の子らしさ」を求めると、このような傾向は強まるかもしれません。

つまり、子どもは2～3歳ごろに自分を「女の子」や「男の子」とみなすようになるわけですが、その時に、周りの大人の期待や働きかけによって、「女の子らしい」行動や選択、「男の子らしい」行動や選択をしてしまうようになるのです。こういう経験の積み重ねによって、子ども自身がジェンダーステレオタイプを持つようになってしまいます。

これが、子どもがジェンダーステレオタイプを内面化するということであり、これによって子どもの心の性差がつくられる可能性があります。この点について筆者らの2つの研究を基に考えてみましょう。

「賢さ」のジェンダーステレオタイプ

まず、頭の良さや賢さに関するジェンダーステレオタイプについて考えてみましょう。第1章でも触れたように、皆さんが天才と聞いて思い浮かべるのは、男性が多いのではないでしょうか。

もし皆さんが男性を思い浮かべたとしても、これは、科学や哲学の世界は男性社会であり、女性が活躍するのは難しい雰囲気があったためです。また、メディアが発する情報の中にも、「IQ200の天才」「クイズの天才」等々、天才として出てくる人物は男性であることが多いのです。この場合も、必ずしも男性のほうが賢いというわけではありません。

ただ、親や教師、私たちの大人の無意識的な一言が、YouTubeやSNSで見かけるつぶやきの1つ1つが、子どもに伝わってしまっている可能性があります。

今でも、「女の子に勉強は不要で、大学なんか行かなくていい」「女の子は愛想よくしないと結婚相手がいない」などと考える家庭は、決して珍しくはありません。

こうした親や大人の価値観は子どもに伝わります。そして、子どもが自分に当てはめてしまい、将来の選択に影響を与える可能性があります。

筆者らの研究では、４〜７歳の子どもを対象に「賢い」「優しい」という性質を自分と同じ性別に当てはめるか、自分以外の性別に当てはめるかを調べました。[6]具体的には、話の中の登場人物の性別を当ててもらいます。「賢いストーリー」では、職場にものすごく賢い人がいるという話を聞かせて、その人が女性であるか男性であるかを、表示された画像から選んでもらいます。また、「優しいストーリー」では、「職場にものすごく優しい人がいる」という話を聞かせて、その人が女性であるか男性であるかを判断してもらいます。もちろん、これらのストーリーの中に、その人の性別にかかわる情報は含まれていません。「賢い」もしくは「優しい」というイメージを、子どもが女性に結びつけるか、男性に結びつけるかを調べています。

その結果、「優しいストーリー」では、女児は女性を選びがちであったのに対して、男児は女性と男性を同じくらい選ぶ傾向にありました。つまり、女児は優しさを自分の性別と結びつけ、「優しい＝女性」という認識を持っていたのです。これは４歳から７歳まで同様に見られました。主たる養育者が母親であることや、保育士・教師に女性が多いことと無縁ではないでしょう。

一方、「賢いストーリー」では、年齢によって違いが見られました。4～6歳では、女児も男児も自分の性別を賢いと思っていたのに対して、7歳になると女児も男児も男性を選ぶようになりました。つまり、「男性＝賢い」という認識を示すようになったのです。

7歳というと、小学校に入学するくらいの年齢ですから、勉強やその成績が意識され始める時期です。賢さや頭の良さについても、関心が出てくるのでしょう。その年頃になると、女児は「賢い」という性質を、自分たちに当てはめなくなってしまうのです。これが進展すると、自分には勉強が向かないと思うようになったり、勉強嫌いになったりすることが懸念されます。

実際の学力では、第6章で見たように、ほとんど差がないか、むしろ女児のほうが成績がいいという結果との食い違いも気になるところです。この研究について色々な方々と話すと、「わざと勉強ができないふりをしていた」と話す女性の多いことに驚きました。このような状況は変えていく必要があります。

「偉さ」のジェンダーステレオタイプ

賢さのジェンダーステレオタイプは、高校や大学への進路選択という意味では重要なテーマですが、筆者がもう１つ懸念しているのが、「偉いのは男性」というステレオタイプです。

日本のジェンダーギャップが世界的に見ても極めて大きいのはよく知られていますが、その中でも特に差が大きいのは、政治家や閣僚の女性と男性の比率、会社等の組織における幹部や管理職の女性と男性の比率、専門職における女性と男性の比率です。いずれも、責任があり、権力を持つ立場ですが、男性のほうが偉い立場にいることが多いのです。

子どもたちが接することの多い小学校の先生でも、教師の比率としては女性のほうが多いにもかかわらず、管理職は男性のほうが多いといういびつな構造をしています。ＰＴＡなどを見ても、役員は女性が多いのに、会長だけなぜか男性であることも珍しくありません。

報道を見ても、国会議員の会合は高齢の男性ばかり。女性活躍をうたうような会合や委員会でも、メンバーはすべて男性という笑えない状況が少なくありません。会社の社長では、もちろん活躍されている女性は多数いらっしゃいますが、経済団体などのトップは未だに男性ばかりです。

こういう姿を見た子どもたちが、男性は女性より偉いと思ってしまったり、女性は偉い立場につけないと考えたりすることは、決して不思議ではありません。

筆者らはこの点を実証的に調べてみました。[7] 文脈によって結果が異なるのですが、先ほど紹介した「賢いストーリー」と同様に、「職場に偉い人がいる」という話を聞いたとき、6歳の男児は「偉い人」の性別として男性を選ぶ傾向がありました。他の年齢の男児や女児では明確な傾向は見られませんでした。

この調査で、やはり小学校に入る前後に、男児が「偉い＝男性」という認識を持っている可能性が示されました。女児が「偉い＝男性」という認識を持っていなかったことは朗報ですが、結果があまり明確ではなかったため、今後の検討が必要です。

このように、小学校に入る前には、子どもは「賢さ」や「偉さ」に関するジェンダーステレオタイプを持ちません。ですが、小学校に入るくらいになると、自分の性別を明確に認識することや、親やメディアの影響によって、ジェンダーステレオタイプを自分自身に内面化してしまいます。大人が勝手につくり上げた心の性差（のステレオタイプ）を、子どもが内面化してしまうのです。

ステレオタイプはあくまで思い込みに過ぎないのですが、その思い込みが子どもの実際の行動に影響を及ぼしてしまう可能性があります。たとえば、「算数＝男性」という思い込みを持ってしまうと、女児が算数に対する苦手意識を持ったり、算数を避けるようになったりするかもしれません。逆に、算数が苦手な男子が必要以上のプレッシャーを受けることにもなるでしょう。

「偉い＝男性」という認識を持つと、女児が生徒会長や管理職などのリーダー的な役割を避けるようになるかもしれません。また、そういう仕事を避けたい男児が無理に押し付けられることもあるかもしれません。自分の好まない選択を強いられる状況は改善する必要があると考えます。

本章のまとめ

ここまでの内容をまとめます。まず、親や教師が子どもへのかかわり方を男児と女児とで変えており、その結果として子どものほんの少しの心の性差をつくり出している可能性があります。親や教師の持つジェンダーステレオタイプがこのような傾向を促進するようです。

また、小さな心の性差が、大人のかかわり方やジェンダーステレオタイプによって増幅され、子どもの進路や職業選択に影響を及ぼす可能性があります。

そして、大事なこととして、そのような大人のジェンダーステレオタイプやかかわりは無自覚で行われており、自分で気づくことは難しいのです。私たちが無意識的に取っている行動が、子どもの心の性差をつくり出しているのです。

また、大人や社会がジェンダーステレオタイプを持つことによって、それを見た子どもが自分の中に取り入れて、内面化します。その結果として、子ども自身がジェンダーステレオタイプに一致するような行動を取るように変わってしまうのです。

いずれの経路であっても、子どもの心の性差が、大人によってつくられている可能性があります。このため、大人の持つ思い込みを変化させることが重要だということになります。

文献

1 https://www.youtube.com/watch?v=nWu44AqF0iI&t=6s

2 Seavey, C. A., Katz, P. A., & Zalk, S. R. (1975). Baby X: The effect of gender labels on adult responses to infants. *Sex roles, 1*, 103-109.

3 Stern, M., & Karraker, K. H. (1989). Sex stereotyping of infants: A review of gender labeling studies. *Sex roles, 20*, 501-522.

4 Martin, C. L., Andrews, N. C., England, D. E., Zosuls, K., & Ruble, D. N. (2017). A dual identity approach for conceptualizing and measuring children's gender identity. *Child development*, 88 (1), 167-182.

5 Weinraub, M., Clemens, L. P., Sockloff, A., Ethridge, T., Gracely, E., & Myers, B. (1984). The development of sex role stereotypes in the third year: Relationships to gender labeling, gender identity, sex-types toy preference, and family characteristics. *Child Development, 55* (4), 1493-1503.

6 Okanda, M., Meng, X., Kanakogi, Y., Uragami, M., Yamamoto, H., & Moriguchi, Y. (2022). Gender stereotypes about intellectual ability in Japanese children. *Scientific Reports, 12* (1), 16748.

7 Meng, X., Okanda, M., Kanakogi, Y., Uragami, M., Yamamoto, H., & Moriguchi, Y. (2024). Gender stereotypes regarding power and niceness in Japanese children. *Royal Society Open Science, 11*, 230863.

第9章

子どもの未来のために

本書もそろそろ終わりが近づいてきました。最後となる第9章では、改めて本書の内容を振り返りながら、寄せられるであろうご意見やご批判に回答しつつ、未来の社会を担う子どもたちに対して私たちができることを考えていきたいと思います。

子どもの心の性差はほとんどない、けれど

第2章から第7章までで、子どもたちの好みや能力、行動の性差を見てきました。第2章から第6章までで、性差があるものばかりを取り上げているため、本書を読んだ方は、「やっぱり心の性差はあるじゃないか!」と思われたかもしれません。

しかし、繰り返しになりますが、ほとんどの行動や能力に心の性差はありません。女児と男児の行動や能力は、多くの側面で類似しているという点を、まず押さえていただきたいと思います。ほとんど違いはないものの、その中であえて性差に関する科学的根拠がありそうなものを取り上げたのが、2章から7章の項目ということなのです。

第2章で取り上げた色やおもちゃの好みに性差があることは確かでしょう。第3章から第6章で取り上げた空間認知、言葉、攻撃性、学力にも、それほど大きなものではないものの、性差があるという結論を下してもよさそうです。

ですが、本書を読む前、皆さんはもっとたくさんの面で、もっと大きな性差があると思っていたのではないでしょうか。第7章で取り上げた感情をはじめとして、「女性のほうが○○」「男性のほうが△△」のように考えたり口にしたりすることは珍しくはないでしょう。

もちろん、個々の研究を見れば、性差がありそうな行動や能力を探すのは難しいことではありません。また、一部の研究者は、記憶やパーソナリティのようなものにも性差があると考えていますし、そういう主張を支持する証拠も見つからないわけではありません。ただ、長い研究の歴史を考慮すると、現時点で性差があると言ってよさそうなものが、本書で取り上げたものです。

また、第2章から第6章で取り上げた行動や能力には性差があると言ってよさそうではありますが、その性差は小さなものであるということも改めてお伝えしたいと思います。

性差があるにしても、性差以外に重要な要因がある場合もありますし、それよりも個人差のほうが大きいのです。家庭環境や親子関係、もしくは生まれ持った特性などによる個人差の影響のほうがよほど重要なのです。

心の性差はつくられる

第8章でも触れたとおり、赤ちゃんのころの多くの行動や能力にはほとんど性差がありません。年齢とともに、性差は少しずつ見られるようになってきます。

そのタイミングは、行動や能力によっても異なります。空間認知においては1歳前から非常に小さいながらも性差がありますが、言葉の性差が見られるのは1歳以降のようです。学力に関しては、その性質上、明確な差が見られるのは就学以降になります。

また、これらの性差は、年齢とともに大きくなる傾向があります。そのことが顕著なのが空間認知や攻撃性で、どちらも成人期になるころまで性差が大きくなるようです。言葉については、語彙数は性差がなくなりますが、音韻流暢性のように性差が見られ続けるものもあります。

つまり、これらの行動や能力の性差は、生まれつきあるというよりは、子どもの発達の産物ということになります。子どもの発達には生物学的要因と社会環境的要因の両方が関与しますが、性差にもまた、両方の要因が関係することが示されています。

生物学的要因としては性ホルモンが、社会環境的要因としては、親のかかわりや言葉がけ、教師やメディアなどの影響が示されています。また、大人が持つジェンダーステレオタイプも重要な影響を及ぼすことを第8章で見てきました。

この意味で、心の性差は、子育てや教育、社会の中でつくられているとみなすことができるのです。

本書の議論に対して、環境的な要因を重視しすぎであり、生物学的な要因を軽視しすぎだと感じられる方もいるでしょう。

確かに、人間以外の生物を対象にした研究では、雌雄の違いを検証する際に、遺伝子やホルモンなどの生物学的な要因の重要性が明らかになっています。その点を軽視しているわけでは決してありません。

ただ、本書は人間の性差の話です。人間を対象にした研究でも生物学的要因の影響は示されているものの、人間の子どもを対象にした研究はまだまだ十分ではありません。今後研究がさらに進展したら、生物学的要因について詳しく検討する必要があるでしょう。

気にしすぎ、ではない理由

ここまで読んできた読者の皆さんは、小さな性差があること、それに大人が影響を与えていることについて、どのように思われたでしょうか。小さい性差なら、あまり気にしなくていいという考えがあるかもしれません。

しかしながら、小さな性差であっても、それが存在し続けると、大きな影響を及ぼす可能性があります。たとえば、空間認知や言葉のわずかな性差が、長期的には職業選択や学力の性差に影響を与えることを見てきました。小さな差が積み重なると、社会全体において女性と男性の不均衡を生む可能性があるのです。

また、これまでに見てきたように大人の行動や言葉が、子どもたちの性別についての認識に影響を与えます。その結果として、子どもたちの可能性が狭められることになります。したがって、大人の行動を見直すことは、子どもたちが自由に自分の興味や才能を追求できる環境をつくるために重要です。

もちろん、性差を意識しすぎるのは逆効果かもしれませんし、大人にとってもストレスがかかるでしょう。肝心なのは、子ども自身の興味関心を大切にすることです。

寝た子は起こすな？

「寝た子を起こすな」というように、筆者のような研究者が性差について騒ぎ立てることが、かえって性差を生み出したり、性差別を助長したりするというご批判もあるかもしれません。

わが国では、様々な社会問題に対して、このような態度を取る人が一定数おられます。寝た子は起こすなというか、不都合な真実から目をそらすというか、そういう方々からのこういったご批判を受けることも少なくないのが事実です。

「寝た子は起こすな」という考え方は、一見すると穏健な解決策のように聞こえるかもしれませんが、現実には既存の性差と、その結果としての職業選択や学力の性差を温存してしまう可能性があります。

問題を指摘することは改善のための第一歩であり、将来の不平等を減らすために必要な行動です。筆者としては、子どもが自分の生き方を選択できるようになってほしいですし、そのためには性差についての議論が欠かせません。

大切なのは、性差について冷静かつ建設的に議論することです。感情的に騒ぐのではなく、科学的なデータに基づいて、性差の実態と原因を見極める必要があります。

どうしても、性差の問題は感情的な議論になりがちです。この点は筆者自身も気を付けたいところです。

大人にできる2つのこと

それでは、私たちには、何ができるでしょうか。大人が変えるべき行動は、大きく2段階です。1つは、小さな性差を生み出している、子どもたちへのかかわり方です。もう1つは、その小さな性差を増幅するジェンダーステレオタイプです。

そのためにまず必要なのは、私たち大人が、無意識的に行っている行動を振り返ることです。大人は、子どもを女児と思うか、男児と思うかによって、意図せずにかかわり方を変えている可能性があります。

「自分はそんなことはない」と思っている人も多いでしょう。しかし、先に述べたように、程度の差はあれ、ジェンダーバイアスやステレオタイプは誰もが持っているものです。まずは一度、女児ばかりに話しかけていないか、男児ばかりに空間語を使っていないか、男児ばかりに身体的なコントロールをしていないかなど、子どもに対する自身の言動を振り返ってみてください。

また、家族や身近な人に指摘してもらうことも大事でしょう。自分が、どういう場面で、どのような行動や言動をしているかは、どれだけ振り返ってみても、自分だけで気づくことは簡単ではありません。まずは自分の行動を自覚することが始まりであり、そこから行動を変えていけばよいのです。

自分が偏った行動を取っていることに気づけたのであれば、意識的に行動を変えたり、そのための知識を得たりするように努めましょう。

言うは易く、行うは難しであることは筆者自身が経験しています。あきらめてしまいたくなるかもしれませんが、子どもの将来のためと思って、少しずつ挑戦してみてください。

「女児」「男児」である前に

子どもとかかわる大人ができる、最も基本的かつ最も重要なことは、子どもを、自分とは異なる人格を持った一人の人間として尊重することでしょう。親の考える女性や男性についての思い込みを押し付けるのではなく、子ども自身の興味や才能をしっかりと観察し、それらを大切にするのです。これは、筆者が子育てに関する取材に答えるときなどに、繰り返しお伝えしていることです。

親の固定観念の押し付けを避けるために、どうしたらいいかわからない場合は、ちょっとした声かけの仕方から変えてみることをお勧めします。たとえば、子どもの特徴を口にするときに、「女の子なのに活発だね」ではなく「元気で活発だね」、「男の子だから算数が得意」

ではなく「○○は算数が得意なんだね」というように、性別ではなく個人の特性に注目した表現を心がけるのです。

また、子どもが性別に基づいた固定観念を持ち始めたら、それに対抗する例を示すことも効果的です。たとえば、「男の子が赤いランドセルを持つのは変」という意見に対し、「リバプールの赤いユニフォームはかっこいいのに、なぜランドセルが赤いと変なのだろう」と問いかけてみるとか、父親がピンク色の箸を使ってみるなど、親自身がジェンダーバイアスにとらわれない行動を見せることなどがあるでしょう。

性別に関する問題に限らず、子育て全般において最も重要な姿勢は、子どもを一人の独立した人格を持つ人間として尊重することです。たとえば、虐待のようなケースでは、子どもを所有物のように扱ってよいという誤った考えが根底にあることが多いです。一方、過保護な親子関係の裏側には、親が子どもと自分を一体化させ、子どもの独立した人格を認めていない状況があるのです。

筆者自身も日々奮闘している一人の親として、『○○を××に育てる究極の子育て法』といった、浅薄な根拠を基に書かれた本に載っている魔法のような子育て法は、決して存在しないことを実感しています。

それでも「女児と男児は違う」？

「理屈ではそうでも、女児と男児は違う。実際に育てればわかる」とおっしゃる方も少なくないでしょう。筆者が見聞きする範囲でも、女児と男児を両方育てた養育者の方から、このような意見が聞かれることは少なくありません。これについては、以下の３点からお答えしたいと思います。

まず、実際に、女児と男児が違う可能性を否定するものではありません。本書でも述べてきたように、いくつかの能力については平均的には若干の性差があることは事実です。それ以外の能力については女児と男児に違いはありませんが、個人差があり、ある女児が社会性の発達に優れていて、別の男児が知能に優れている可能性は十分にあります。

ただ、ここで強調したいのは、逆のパターン、女児が知能に優れていて、男児が社会性に優れていることも十分ありえるのです。女児と男児の両方を育てたことがある方であっても、あくまで少数事例を基にした一意見に過ぎません。統計的に見ると、本書で述べたとおり、女児と男児の違いは小さいのです。

こういうことを言うと、今度は教育関係者・保育関係者から、「多くの子どもを見てきた経験から……」という声が聞かれそうです。ですが、この場合も、結局のところ、その方の思い込みに一致した少数の女児や男児の事例を自信満々に話されるだけで、統計的なデータを出してくることはまずありません。つまり、思い込みに一致していない事例は見過ごされているのです。本書で繰り返し指摘してきたように、事例を出すのは簡単です。問題は、信頼しうる統計的なデータがあるかどうかです。データを基に語っていただきたいと切に願います。

次に、女児と男児を育てた養育者や教育関係者は、同じ部分よりも違う部分に目を向ける傾向があると考えられます。女児も男児も、様々な行動をしています。ハイハイをするようになるとか、最初の言葉を発するといった印象的な行動だけではなく、指しゃぶりをするとか、新しいものを見つめるとか、それほど目立たない行動もあるわけです。そのほとんどの行動において、統計的に性差はありません。つまり、女児と男児を比較してもほとんど差はないのです。養育者が、子育てをする中で目につくほんの小さな違いを拡大解釈している可能性があります。

最後に、本書で繰り返し述べていることですが、実際には存在しない女児と男児の違いを、養育者や教育関係者の思い込みでつくり出しているに過ぎない可能性があります。つまり、多くの養育者や教育関係者は、子どもの行動を見て、女児と男児が違うことに気づいたと思っているかもしれませんが、その逆の、自分の思い込みによって女児と男児が違う行動をするように見えてきた、もしくは、実際にそのように誘導してしまったという可能性があるのです。

たとえば、生まれる前から「女児と男児は違う」と養育者が思い込んでいると、そのように子どもに接してしまい、結果として性差をつくり出しているのかもしれません。ある研究によると、母親は、自分のお腹の中にいる子どもの性別を、偶然のレベル以上には当てることはできないことがわかっています。つまり、お腹の中の赤ちゃんがよく動いているから男児だろうといった発言は、間違っていることが多いのです。子どもに対する養育者の思い込みは子どもが生まれる前から始まり、多くの場合、間違っているということです。

子どもたちの未来のために

これで本書の議論は終わりです。筆者としては、子どもたちの心の性差はほとんどないということと、わずかに見られる性差が大人によって増幅されるということが、読者の皆さんに伝わっているとうれしいです。また、皆さんの子どもとのかかわりや性別に関する考え方を見直すきっかけになれば、さらにうれしいです。

おそらく、「女性脳」や「男性脳」を掲げた本に書いてあることはそのまま受け入れられても、本書の内容を受け入れることに抵抗がある方もいるでしょう。それは、前者に書かれている内容が、「女性と男性の心の仕組みは全く違うもの」という思い込みに沿った内容だからです。一方で、本書の内容に書かれていることは「不都合な真実」であり、受け入れにくいかもしれません。

ですが、大人の思い込みで子どもたちの才能を奪ってはいけません。一度、自分の思いや考えをちょっと横に置いてみて、性差についての科学的な分析に耳を傾けてみてほしいのです。そして、無理のない範囲で、子どもたちの未来のために大人ができることを、一緒にしていけたらと願っています。

おわりに

現代の社会科学において、性別は非常に重要かつ慎重に扱うべきトピックです。そのようなトピックについて、まさか筆者が本を執筆する日が来るとは思ってもいませんでした。

ジェンダー論を含め、性差の問題に取り組む研究者は女性が多いように感じます。これは、女性が歴史的に不利益を被《こうむ》ったり不当な扱いを受けてきたりした背景があるためでしょう。そのため、男性である筆者が性差について論じることには、少し躊躇《ちゅうちょ》がありました。

しかし、「女性脳」「男性脳」といった科学的根拠に乏しい本が人気を集めている状況には、一人の研究者、一人の親として危機感を感じていました。一方で、子どもの心の性差という、学術的にも重要で、将来の社会にも影響を与えうる問題が、現状では科学的な根拠を基に十分に議論されていないように思えます。

このような状況下で、遅まきながらもこのトピックの重要性に気づいた状態の筆者を見つけ、子どもの性差に関する本を書く機会をくださった光文社新書の永林様に、心よりお礼を申し上げます。

また、本書で触れてきた研究は、多くの共同研究者の方々とご一緒させていただいたものや、研究員や大学院生の方々と議論してきたものです。共同研究者の方々には本書の草稿にお目通しいただき、コメントも頂戴しました。皆様に感謝いたします。

「はじめに」でも触れたように、家族とのやりとりも、本書を書くうえでの大きなきっかけでした。筆者の偏った言動を幾度となくたしなめてくれた妻と、性別よりも個人の興味や能力が大事であることを、実感を伴って教えてくれた子どもに感謝します。

本書でも述べてきたように、心や脳の性差に関する研究はまだまだ明らかになっていないことが多数あります。今後、これらの研究が進展し、科学的知見が社会に浸透することを切に願っています。

2024年夏　森口佑介

森口佑介（もりぐちゆうすけ）

福岡県生まれ。京都大学大学院文学研究科准教授。京都大学大学院文学研究科修了。博士（文学）。専門は、発達心理学・発達認知神経科学。主な著書に『10代の脳とうまくつきあう　非認知能力の大事な役割』（ちくまプリマー新書）、『子どもから大人が生まれるとき　発達科学が解き明かす子どもの心の世界』（日本評論社）、『子どもの発達格差　将来を左右する要因は何か』（PHP新書）、『自分をコントロールする力　非認知スキルの心理学』（講談社現代新書）、『おさなごころを科学する　進化する乳幼児観』（新曜社）など。

つくられる子《こ》どもの性差《せいさ》

「女脳《おんなのう》」「男脳《おとこのう》」は存在《そんざい》しない

2024年11月30日初版1刷発行

著　者 ── 森口佑介

発行者 ── 三宅貴久

装　幀 ── アラン・チャン

印刷所 ── 萩原印刷

製本所 ── ナショナル製本

発行所 ── 株式会社光文社
東京都文京区音羽1-16-6(〒112-8011)
https://www.kobunsha.com/

電　話 ── 編集部03(5395)8289　書籍販売部03(5395)8116
制作部03(5395)8125

メール ── sinsyo@kobunsha.com

　ISBN 978-4-334-10474-0

1334
世界夜景紀行
丸田あつし
丸々もとお

夜景をめぐる果てしなき世界の旅へ――。世界114都市、602点収録。ヨーロッパから中東、南北アメリカ、アジア、アフリカまで。夜景写真&評論の第一人者が挑んだ珠玉の情景。

978-4-334-10447-4

1335
働かないおじさんは資本主義を生き延びる術《すべ》を知っている
侍留啓介

起業家にも投資家にもならず、この社会の「勝ち組」になることは可能か？ 商社・コンサル・起業を経て経営科学を修めた著者が、実務経験と学識をもとに現代日本のキャリア観を問い直す。

978-4-334-10473-3

1336
つくられる子どもの性差
「女脳」「男脳」は存在しない
森口佑介

男児は生まれつき落ち着きがない、女児は発達が早い――子どもの特徴の要因を性別に求めがちな大人の態度をデータで一刀両断。心理学・神経科学で「性差」の思い込みを解く。

978-4-334-10474-0

1337
ゴッホは星空に何を見たか
谷口義明

《ひまわり》や《自画像》などで知られるポスト印象派の画家・ゴッホ。彼は星空に何を見たのか？ どんな星空が好きだったのか？ 天文学者がゴッホの絵に隠された謎を多角的に検証。

978-4-334-10475-7

1338
全天オーロラ日誌
田中雅美

カナダでの20年以上の撮影の記録を収め、同じ場所からの撮影や一度きりの場所まで、思い立った場所での撮影日誌。第一人者が追い求めた、季節ごとに表情を変えるオーロラの神秘。

978-4-334-10476-4